Barbara Cratzius *Sommer im Kindergarten*

Barbara Cratzius

Sommer im Kindergarten

*Mit vielen Illustrationen
von Barbara Moßmann*

Herder
Freiburg · Basel · Wien

Die Lieder dieses Buches von Paul G. Walter
sind zusammengefaßt in der Begleit-Kassette
„Herbei zum großen Sommerfest"
© bei den Autoren.
Sie können diese MC käuflich erwerben bei
Paul G. Walter, Eichenweg 15 a, 6905 Schriesheim,
Telefon 06 203/6 37 75.

3. Auflage

Weitere Autoren, deren Texte/Liedkompositionen in dieses Buch aufgenommen wurden: Ch. Mehlig, H. Ring, E. Scharafat, P. G. Walter, U. Weber.
Gedicht Kindersand (S. 63) aus: Joachim Ringelnatz, Kinder-Verwirr-Buch, 1969 © Henssel Verlag, Berlin (mit freundlicher Genehmigung des Verlags)

Singspiel „Die goldene Gans" (S. 96 ff.) aus: Feste und Feiern mit Kindern, Rechte beim Laumann Verlag Dülmen
(mit freundlicher Genehmigung des Komponisten und des Verlags)

Notengrafik: Herbert Ring
Skizzen und Schattenbilder auf den Seiten 126/127: Ch. Mehlig
Einbandfoto: Hartmut W. Schmidt

Alle Rechte vorbehalten – Printed in Germany
© Verlag Herder Freiburg im Breisgau 1989
Herstellung: Freiburger Graphische Betriebe 1990
ISBN 3-451-21262-5

Tra-ri-ra, der Sommer, der ist da

Der Sommer

Der Sommer hat zwei Eistüten in jeder Hand
und haucht und haucht
auf das Thermometer neben der Haustür,
daß die Kinder jubeln.

Die Winde und Wolken hat er eingesperrt,
nur sein heißer Atem
glüht über dem Wasser.
Selbst den Fischen wird es zu warm.

Den Mohnblumen malt er ein brennendes Rot
auf die Gesichter.
Die Lupinen, die langen,
läßt er blau und lila leuchten.
Die Hasen am Waldrand
dösen mitten am Tage ein,
und unser Kater räkelt sich unter dem Sonnenschirm.

Nur die Mücken tanzen unentwegt,
und die Schwalben fliegen immer höher
ins Blau hinein.

Sommer – Zeit zum Spielen in der Sommersonne, zum Toben auf der Sommerwiese, zum Buddeln im Sand, zum Planschen im warmen Wasser, Zeit, in der wir mit den Kindern Tiere, Pflanzen, Wolken und Wettererscheinungen beobachten können. „Warum gibt es Gewitter? Warum ziehen auf einmal so viel Wolken am Himmel? Warum kann man den Regenbogen nicht anfassen? Kann der Donner uns wehtun?" Diese und noch viele andere Sachfragen über das Wetter beschäftigen unsere wißbegierigen Kinder im Kindergarten und in der Vorschule. Auf Spaziergängen im Park, zu einem nahegelegenen Waldstück oder zu einem Teich begegnen wir im Sommer Pflanzen und Tieren unserer näheren Umgebung. Besonders gut können wir im Sommer Vögel und Insekten beobachten. Das Erleben des Nestbaus und die Aufzucht der Jungvögel, die Begegnung mit Marienkäfer, Schmetterlingen, Raupen, Bienen und Ameisen geben immer wieder Anlaß zu neuen Fragen und Erfahrungen.

Eine alte Bauernregel heißt: „Im Sommer sollst du schwitzen und nicht hinter dem Ofen sitzen." Es drängt uns im Sommer hinaus an das Wasser, an den Teich, an den Bach und an das Meer, das die Kinder oft in den Ferien zum ersten Mal erleben. – So ist ein ganzes Kapitel den Erfahrungen mit Wasser und Sand gewidmet.

Neben den Sacherklärungen biete ich in vielen Kapiteln auch Fingerspiele, Rätsel, Gedichte, Lieder und Rezepte und Vorschläge zur manuellen Gestaltung an. Ich erstrebe keine planmäßige Wissensvermittlung, etwa in Form einer vorgezogenen Sachkunde der Grundschule, sondern ich möchte Situationen schaffen, in denen die Kinder spielerisch ihre Umwelt erfahren und sie sprachlich und manuell gestalten lernen. Ich möchte das Kind in seiner Gesamtpersönlichkeit mit seinen intellektuellen, emotionalen und sozialen Kräften ansprechen. Bei den Begegnungen mit Tieren und Pflanzen gebe ich immer auch Hinweise für den Schutz unserer Umwelt.

Im letzten Kapitel über die Begegnung mit Gottes Schöpfung wird dieser Aspekt besonders hervorgehoben.

Barbara Cratzius

Inhalt

1. Hallo, lieber Sommer! 11
2. Woher kommen die Wolken? 23
3. Petersilie, Suppenkraut, wächst in unserem Garten 35
4. Dreh den Kopf herum, liebe, dicke Kuh! 49
5. Wellen tanzen auf und nieder 61
6. Kommt her, wir feiern Sommerfest! 83
7. Laßt uns Gottes Schöpfung schützen! 103

Unter den obigen Kapitelüberschriften finden Sie an den angegebenen Seiten viele Texte und Gestaltungsvorschläge in der Reihenfolge des Buches.

Das nachfolgende Inhaltsverzeichnis will ihnen durch die Ordnung nach Stichworten die Suche nach bestimmten Texten und Gestaltungsvorschlägen erleichtern.

ABZÄHLVERSE

Reimgedicht im Sommer 20
Abzählverse 94

BASTELVORSCHLÄGE

(Herstellen verschiedener Dinge)

Wir „bauen" eine Sonnenuhr 27
Schwäne aus Papier 55
Biene aus Erlenzapfen 60
Hafenbild zum Selbermachen und Spielen 65
Kommt, wir bauen Schiffe aus Holz . 80
Tischkarten und Tischdecken drucken 84

Bunt und lustig: Bunter Bänderstock; Blumen-Sevietten; Stein mit Marienkäfern; Lustige Tiermasken 95

BEWEGUNGSSPIELE

Spiel vom Sommerregen 22
Petersilie, Suppenkraut – Spiellied . . 37
Alle unsere Tiere 50
Tierspiel auf der Wiese 86
Das Eisenbahnspiel 87
Kätzchen, komm zu mir 88
Wenn im Sommer Geburtstag gefeiert wird 102
Schöpfungsgeschichte 111
Die Geschichte und das Spiel von Noah . . . . 117 ff.

Inhalt

BILDHAFTES GESTALTEN

Malspiel im Sommer	14
Mal ein Bild vom Monat Mai, Juni, Juli und August	18
O – du schöner Regenbogen!	34
Schöpfungsgeschichte	111

ERZÄHLUNGEN – GESCHICHTEN

Was der Sommer alles tun muß	12
Der kleine Freischwimmer	15
Von den Sommerwolken	24
Der kleine Wolkenmacher	26
Von Blitz und Donner	28
Vom großen „Wasserkarussell"	30
Der Regenbogenmacher	31
Was die Pflanzen zum Leben brauchen	36
Die drei Schmetterlinge auf der Sommerwiese	38
Die Geschichte von der kleinen Walderdbeere	41
Was die Wurzeln alles können	44
Wir entdecken die „Zaubersprossen".	45
Die Geschichte vom Zicklein, das nicht weiß sein wollte	51
Komm, wir spielen zusammen	66
Können Spinnen auf dem Wasser tanzen?	69
Von der Feuerqualle	69
Der kleine Fischer aus Spanien (auch als Hörspiel)	71
Eine Froschgeschichte	114
Der schwarze Schwan	115

FINGERSPIELE

Fingerspiel vom Regenbogen	34
O – du schöner Regenbogen!	34
Lied von den Tierkindern und Menschenkindern	56
Fingerspiel	59
Fingerspiel am Wasser	64
O Schreck – die Möwe kommt!	79

GEBET

Wir beten miteinander	125

GEDICHTE

Sommerträume	12
Malspiel im Sommer	14
Der Sommer kommt heute zu Besuch .	17
Mal ein Bild vom Monat Mai, Juni, Juli und August	18
Spiel vom Sommerregen	22
Kindersand	63

LIEDER

Was schenkt uns der Sommer?	13
Unterm Blätterdach	30
Lied von den kleinen Wassertropfen .	32
Petersilie, Suppenkraut – Spiellied . .	37
Glockenblume	40
Sommerlied	43
Alle unsere Tiere	50
Dreh den großen Kopf herum	53
Rätsel-Lied	54
Lied von den Tierkindern und Menschenkindern	56
Wasser-Lied	82
Herbei zum großen Sommerfest . . .	85
Das Eisenbahnspiel	87
Kätzchen, komm zu mir	88
Rutschenlied	89
Wenn im Sommer Geburtstag gefeiert wird	102
Das Lied von den Maikäfern	108
Den goldenen Finger Sonne	110
Lied von der Schöpfung	113
Das Lied von den geknickten Bäumen	116
Lied vom Regenbogen	128

INHALT

MÄRCHENSPIEL

Die goldene Gans 96

NATUR-
BEOBACHTUNGEN

Von den Sommerwolken 24
Von Blitz und Donner 28
Vom großen „Wasserkarussell" 30
Der Regenbogenmacher 31
Was die Pflanzen zum Leben brauchen 36
Was die Wurzeln alles können 44
Wir entdecken die „Zaubersprossen" . 45
Können Spinnen auf dem Wasser tanzen? 69
Von der Feuerqualle 69
Eine Froschgeschichte 114
Der schwarze Schwan 115

RÄTSEL

Rätsel 21/22
Wolkenrätsel 26
Rätsel von Blitz und Donner 29
Tierrätsel 52
Rätsel-Lied 54
Was bin ich? 70
Märchenrätsel 91

REZEPTE

Gut und schmackhaft
(Sesam-Makronen und Sesam-Bällchen; Sommerlicher Fruchtsalat; Roter Zauberbecher; Rhabarberkompott „Saurer Sommerspaß") 47

SCHÖPFUNGS-
GESCHICHTE

Spiel zur Schöpfungsgeschichte 111

SPIELE

(Würfelspiele, Kreisspiele u. a.)

Malspiel im Sommer 14
Ein bunter Schmetterling 58
Spiel mit dem Würfel 60
Spiele am Strand: Wir finden die Spur;
Frische Fische; Wer trifft am besten;
Wer kann am besten balancieren?;
Wer bringt zuerst 68
Tierspiel auf der Wiese 86
Das Eisenbahnspiel 87
Kätzchen, komm zu mir 88
Ballonblasen und andere Spiele: Nester tauschen; Wer kann's am besten;
Blinder Mann 90
Wenn die Augen wandern 93
Der Habicht kommt 93
Sonnenwürfeln 94
Die goldene Gans 96
Die Geschichte und das Spiel von
Noah (auch als Schattenspiel) . . . . 117 ff.

UMWELT / BEWAHRUNG
DER SCHÖPFUNG

Das ganze Kapitel 7: Laßt uns Gottes
Schöpfung schützen . . . . 103 ff.

UMWELTERZIEHUNG

Impulse 107
Kinderfragen 109

Inhalt

WORTERGÄNZUNGEN

Wolken-Reime	25
Was die Tiere im Sommer tun	58
Weißt du, was ich wünsche?	63
Kannst du reimen?	81

ZUNGENBRECHER

Im Sommer saust Sabine	20
Hinterm hohen Haselstrauch	59
Michael mag Mücken nicht	79

1 Hallo, lieber Sommer!

Was der Sommer alles tun muß	Erzählung–Geschichte	12
Sommerträume	Gedicht	12
Was schenkt uns der Sommer?	Lied	13
Malspiel im Sommer	Gedicht/Spiel	14
Der kleine Freischwimmer	Erzählung–Geschichte	15
Der Sommer kommt heute zu Besuch	Gedicht	17
Mal ein Bild vom Monat Mai, Juni, Juli und August	Gedichte	18
Reimgedicht im Sommer	Abzählverse	20
Im Sommer saust Sabine	Zungenbrecher	20
Rätsel	Rätsel	21
Spiel vom Sommerregen	Gedicht/Bewegungsspiel	22
Rätsel	Rätsel	22

Was der Sommer alles tun muß

Morgens muß er die Amseln ganz früh wecken, daß sie anfangen zu singen, wenn es noch dunkel ist. Den Tannen steckt er frische Zapfen an, und den jungen Schwalben bringt er das Fliegen bei. Den Weinreben steckt er kleine grüne Trauben unter die Blätter, und zu den Regenwolken sagt er: Schickt mir einen ganz kurzen warmen Sommerregen, daß die Rosen und Rittersporne sich satt trinken können. Aber dann zieht schnell wieder fort, denn die Kinder wollen im Sand ihre Burgen bauen oder auf die Bergwiesen laufen.
Abends zündet er den Glühwürmchen die Laternen an, und den goldenen Wagen zieht er über den blauen Abendhimmel, daß er lange leuchtet in den warmen Sommernächten.

Sommerträume

Ich hol' mir eine Schwebewolke,
stopf' mir ein Wolkenbett ganz weich.
Dann flieg' ich über Tannenwipfel
hinein ins schöne Sommerreich.

Ich seh' die Bauernhäuser liegen
mit ihrem braunen Schindeldach,
ich seh' die Kühe auf den Weiden
und blanke Steine dort im Bach.

Ich schwebe über Bergesgipfel
und kann die scheue Gems erspähn.
Die kleinen grauen Murmeltiere
kann ich die Ohren spitzen sehn.

Die flinken Schwalbenschwänze streifen
mein weißes Wolkenbett ganz dicht.
Der Bussard schwebt und auch der Adler,
ich lieg' ganz still und rühr' mich nicht.

Da sinkt die große Wolke nieder,
ich lieg' im weichen Bett zu Haus.
Doch wartet nur, bald flieg' ich wieder
hoch in die weite Welt hinaus.

Was schenkt uns der Sommer?

Text: Barbara Cratzius
Melodie: Paul G. Walter

2. Was schenkt uns der Sommer?
   Den Wiesenduft.
   Und Kirschen und viel Beeren
   und warme Luft.

3. Was schenkt uns der Sommer?
   Den Mohn und den Klee
   und Fohlen auf der Wiese
   und Fische im See.

4. Was schenkt uns der Sommer?
   Das Himbeereis
   und nackte braune Beine
   und Sonne so heiß.

5. Was schenkt uns der Sommer?
   Ein Wolkengesicht.
   Das malt er an den Himmel
   mit hellem Licht.

Malspiel im Sommer

So schaut doch her, so schaut doch her,
ich mal das große weite Meer.

Wellen tanzen auf und nieder,
hoch und runter, immer wieder.

Und die liebe Sonne strahlt,
hat das Meer ganz blau gemalt,

kitzelt mit dem hellen Strahl
Dorsch und Hering, Butt und Aal.

Den Wolken hoch am Himmelszelt
das Tanzen und Schweben so gefällt.

Jetzt sind sie grau und dunkel und schwer,
und Regentropfen klatschen aufs Meer.

Sie tropfen auf unsre Burg am Strand
und auf die Eimer im warmen Sand.

Wir kriechen untern Sonnenschirm geschwind,
ich und du und jedes Kind.

Da guckt aus ihrem Wolkentor
die liebe Sonne wieder hervor.

Die Wolken sind alle hell und weiß,
und wir lutschen rotes Himbeereis.

Wir strampeln und planschen und spritzen uns naß,
ja das macht uns im Sommer am meisten Spaß!

Die Figuren können mit den Fingern in die Luft oder mit Stiften oder
Fingerfarben auf das Papier gemalt werden.

Erzählung – Geschichte

Der kleine Freischwimmer

Kai ist im ersten Kindergartenjahr. Er mag zu gern im Wasser planschen und herumspringen, aber richtig schwimmen kann er noch nicht.
Seine Eltern waren im vorigen Sommer mit ihm in Spanien in einem Kinderdorf mit einem großen Planschbecken. Da haben viele Kinder bei einer jungen Schwimmlehrerin Schwimmen gelernt.
Die kleinen Mädchen begreifen es so schnell – schon nach ein paar Tagen können sie mehrere Züge ohne Schwimmweste machen.
Aber Kai! Schon wieder rutscht der kräftige kleine Po nach unten, nein, er lernt es einfach nicht!
Immer wieder ruft die freundliche junge Frau: „Eins – zwei – drei Beine anziehen, auseinander, zusammen – wie ein Frosch, Frosch, Frosch!"
Kai hält sich die Ohren zu. Dieser Quatsch mit dem Frosch! Er kann so wunderbar schwimmen – mit der Schwimmweste!
Inzwischen ist es wieder Sommer geworden. Sein großer Freund, der 10jährige Jörg, kann jetzt tatsächlich schwimmen, nächste Woche will er im Stadtbad seinen Freischwimmerschein machen.
Kai fährt mit ins Bad. Ja, dieser Schwimmlehrer ist einfach besser als die komische Tante in Spanien – ein richtiger lustiger Kumpel! „Hopp, meine Freunde, springt rein! Ein Zug, zwei Züge, gut, Kai, nicht nachlassen, bis zur Treppe!"
Kai prustet und schluckt Wasser, noch ein Zug, nun hat er es geschafft! „Noch mal, meine Herren, wer ist zuerst bei mir?"
Kai übt verbissen. Noch einen Meter mehr, einmal quer hinüber durch das Becken – 10 Züge, 11 Züge, 12 Züge! Er klammert sich an den Treppenstufen fest.
„So, morgen geht's weiter!" sagt der Schwimmlehrer.
„Montag mache ich meinen Freischwimmer!" ruft Jörg

im Auto. „Kann ich auch mit?" fragte Kai. „Das schaffst du noch nicht!" meint Mutter. „Das wirst du sehen!" prahlt Kai.
Aber im stillen denkt er: „Eine Viertelstunde schwimmen, ohne unterzugehen, ob ich das durchhalte?"
Am Montag stehen die beiden Jungen vor dem netten Schwimmlehrer. „Los, denn mal rein! Es ist jetzt zehn Minuten vor zwei, bis fünf nach zwei, meine Herren!"
Kai kennt die Uhr noch nicht richtig. „So, hinein, platsch!" Hastig schlägt Kai mit den Beinen. „Ruhig, ruhig!" ruft die Mutter. „Das schafft er niemals!" denkt sie. – Sprungbereit steht sie am Rand des Beckens. „Langsam, langsam, sonst wirst du müde!"
Kais Kopf rutscht immer wieder unter Wasser. Wenn er erst husten muß, ist es aus.

Er reckt den Kopf hoch. „Wieviel Uhr ist es?" fragt er. „Weiter, weiter, nur noch zehn Minuten!" ruft Mutter.
„Ich darf mich vor Jörg nicht blamieren, er soll mein Freund bleiben!"
Kais Po sinkt wieder nach unten, er paddelt und paddelt verzweifelt.
„Weiter! Durchhalten! Durchhalten!" denkt er. Der Zeiger der großen Uhr rückt weiter.
Jörg schwimmt in ruhigen Zügen um den kleinen Jungen herum. Mutter bekommt ganz heiße Hände vor Aufregung.
Auch die Erwachsenen schwimmen in großem Bogen um den kleinen Mann herum. Sie sehen, wie er sich abmüht.
Da – der Zeiger rückt auf die eins, fünf Minuten nach zwei Uhr! Geschafft! Kai reckt sich aus dem Wasser hoch – alle Angst ist verflogen.
„Mensch!" ruft er „jetzt könnte ich noch viel länger schwimmen, war überhaupt nicht schlimm!"
Aber im stillen denkt er: „Gott sei Dank, viel länger hätte ich's auch nicht ausgehalten!"

Der Sommer kommt heute zu Besuch

Der Sommer kommt heute zu Besuch.
Ganz früh hat er mich aufgeweckt
mit dem Zwitschern der jungen Schwalben.
Die üben das Fliegen
hoch und runter vom Scheunendach.
Er bringt das Rauschen des Bergbachs mit
und den Duft von frischgemähtem Gras.
Komm, ruft er,
raus aus dem Bett,
pflück dir die frischen roten Erdbeeren,
bevor die Schnecke hineinbeißt,
und steck dir die roten Kirschen hinter die Ohren!
Die Stare liegen ja schon auf der Lauer.
Mit dem Klee, dem weißen, dem lila Klee,
kannst du dir einen Kranz flechten
und eine Sommerkette.
Dann nimm deine Malstifte
und mal sie alle mit deinen schönsten Farben,
den blauen Rittersporn, die roten und weißen Rosen,
und die gelbe Sonnenblume.
Die öffnet ihre Blütenblätter ganz weit
und schaut hinein in die Sonne,
in die glühende Sonne
im Sommer.

Mal ein Bild vom Monat Mai, Juni, Juli und August

Mal im MAI den blauen Himmel,
Bäume, Blatt für Blatt so grün.
Laß die Schwalben und die Stare
hoch am Himmel Kreise ziehn.

Sieh die bunten Schmetterlinge
und den grünen Frosch am Bach,
Rehe, Hasen, kleine Lämmer
und den Storch dort auf dem Dach.

Apfelblüten und Kastanien,
gelben Raps und grünes Heu,
und im Wasser bunte Fische:
alles tummelt sich im Mai!

Segelschiffe laß nun tanzen
im JUNI übers tiefe Meer!
Laß die Sonne drüber strahlen,
schick auch große Dampfer her!

Und du kannst dann Berge malen,
Wege, wo man wandern kann!
Und dann tusche Wiesen, Wälder
in den schönsten Farben an!

Auch den Garten kannst du zeichnen,
wie ihr rauft und springt und lacht,
und wie sicher manche Pause
euch beim Toben Spaß gebracht.

Gedichte/Bildhaftes Gestalten

Den Monat JULI muß ich loben,
weil man da viel malen kann!
Pack die Farben in den Koffer,
denn die Ferien fangen an!

Mal ein Bild vom Planschen, Schwimmen,
von dem Buddeln dann im Sand!
Auch vom Wandern in den Bergen
und von eurem heißen Strand!

Und bist du eben zu Haus geblieben,
hol geschwind den Tuschkasten her!
Schau dich um – im bunten Juli
fällt das Tuschen gar nicht schwer!

Im AUGUST mal rote Beeren
und das Korn im Sommerwind,
Mohnblumen und Margeriten,
bunte Sträuße – liebes Kind!

Auch die Äpfel kannst du malen,
rote Kirschen leuchten weit,
an den Bäumen lange Leitern,
denn nun kommt die Erntezeit!

Mal die großen Mähmaschinen
und die Bauern dort im Heu,
Gänse, Enten auf den Weiden.
Schwalben huschen schnell vorbei.

Reimgedicht im Sommer

1 – 2 – 3, alt ist nicht neu,
neu ist nicht alt,
im Winter ist es ...　　　　　(kalt).
Schwarz ist nicht weiß,
im Sommer ist es ...　　　　　(heiß).

1 – 2 – 3, alt ist nicht neu,
hoch ist nicht tief,
im Loch das Mäuslein ...　　　(schlief).
Schmal ist nicht breit,
zum Baden gehn wir ...　　　　(heut).

1 – 2 – 3, alt ist nicht neu,
klein ist nicht groß,
laß mich auf deinen ...　　　　(Schoß).
Nimm mich in deinen Arm,
im Sommer ist es ...　　　　　(warm).

Im Sommer saust Sabine ...

Im Sommer saust Sabine über den sandigen Strandweg.

Morgens mag Michael mitten im Maisfeld an der Mühle nach Mäusen suchen.

Am Meer mag Michael mit Martin mit Muscheln und Murmeln spielen.

Im Kindergarten klettern Kai und Karli auf den Kirschbaum und kauen knackige Kirschen ohne Kern.

An der Quelle sitzen Quix und Quax und quaken.

Resi und Rudi rennen übern Rasen rüber zum Regenbogen.

Marlis mag morgens Mücken nicht.

Schau – über die Schnecke schwebt der schneeweiße Schmetterling und die schwarze Schwalbe.

Rätsel

Groß, groß, groß
läuft ein Riese hinter mir,
hat ganz lange Arme, Beine,
Riese, sag, was willst du hier?

Nun bleib ich auf einmal stehen
in dem Abendsonnenschein,
dreh mich um und schau – o Wunder,
er läuft nicht mehr hinterdrein!

Klein, klein, klein
muß der Riese mittags sein,
wenn die Sonne ganz hoch steht,
ist er wie ein Zwerg so klein.

Habt das Rätsel ihr geraten?
Armer Riese, ich muß lachen,
denn du kannst nichts andres tun,
als mich immer nachzumachen.

(Schatten)

Habt ihr mich wohl schon mal entdeckt
im warmen Sommergras?
Ich sirre, surre ganz versteckt,
zirp, zirp, das macht mir Spaß.
Seid ihr ganz nah, dann bin ich stille,
kennt ihr die kleine schwarze – ?

(Grille)

GEDICHT/BEWEGUNGSSPIEL/RÄTSEL 22

Spiel vom Sommerregen

Sommerregen, Sommerregen
tröpfelt leis ins grüne Gras,
macht dem Regenwurm das Schwänzlein,
und dem Mäusekind das Schnäuzlein
und dem Eichhörnchen die Pfote
und dem Hasenkind die Ohren
und dem Schwalbenkind die Flügel
und uns selbst die Nase naß.

Doch das macht uns gar nichts aus,
komm doch mit und lauf und lauf,
denn die große grüne Buche
spannt den Regenschirm schon auf.
Unterm grünen Blätterhaus
schaun wir in den Regen raus,
bis die liebe Sonne ruft:
„Kommt heraus! Kommt heraus!
Die Sonne steht schon überm Haus!"

Die Kinder sitzen im Stuhlkreis. Sie halten die
Hände hoch über den Kopf und senken die zappelnden Finger langsam als Regentropfen herunter. –
Über einen Tisch ist ein großes grünes Tuch gebreitet. Da können die Kinder sich verkriechen
und in den Regen hinausschauen.
Am Schluß lockt ein Kind als Sonne die andern
wieder aus ihrem „Blätterhaus" heraus.

Rätsel Ein Baum hat drin Platz
und ein Häuserdach,
auch die Sonne am Himmel
und das Wolkengewimmel.
Doch patscht dein Gummistiefel hinein,
wird alles ganz schnell verschwunden sein. (Pfütze)

2 Woher kommen die Wolken?

Von den Sommerwolken	Erzählung–Geschichte	24
Wolken – Reime	Wortergänzungen	25
Wolkenrätsel	Rätsel	26
Der kleine Wolkenmacher	Erzählung–Geschichte	26
Wir „bauen" eine Sonnenuhr	Bastelvorschlag	27
Von Blitz und Donner	Erzählung–Geschichte	28
Rätsel von Blitz und Donner	Rätsel	29
Unterm Blätterdach	Lied	30
Vom großen „Wasserkarussell"	Erzählung–Geschichte	30
Der Regenbogenmacher	Erzählung–Geschichte	31
Lied von den kleinen Wassertropfen	Lied	32
Fingerspiel vom Regenbogen	Fingerspiel	34
O – du schöner Regenbogen!	Spiel	34

Vorbemerkung: Der Sommer ist eine Jahreszeit, in der die Kinder sehr viel draußen spielen. Warme Sonne, wandernde Wolken am Himmel, Wärmegewitter, Regenbogen, starke Niederschläge – das sind Naturerscheinungen, denen die Kinder in dieser Jahreszeit unmittelbar begegnen: Woher kommt der Regen? – Wie entsteht das Gewitter? – Ist der Donner sehr gefährlich? – Woher kommt der Regenbogen? – Kann man auf den Wolken fliegen?
Die Kinder bestürmen uns in den Sommermonaten mit vielen Fragen. Ich möchte in diesem Kapitel die Sachfragen der Kinder beantworten und die Naturerscheinungen auf spielerische Weise in Liedern, Fingerspielen und Rätseln verarbeiten.

Von den Sommerwolken

Michael und Karen spielen mit den anderen Kindern aus dem Kindergarten am Wasser. Michael hat sich eine Sandburg gebaut. Nun legt er sich mit dem Rücken in den Sand, und Karen muß ihn zuschaufeln, daß nur noch der Kopf herausguckt. Das ist richtig gemütlich im warmen Sand. Michael liegt ganz still und schaut nach oben in den blauen Sommerhimmel. Ein paar Wölkchen treiben dort entlang. Wie kleine Schäfchen sehen die aus. „Guck mal", sagt er, „als ob die aus Watte sind!" – „Oder aus weißer Wolle, genauso wie ein Schmuseschäfchen", ruft Karen. „Da möchte ich richtig gern mal drinliegen und übers Meer fliegen!" „Ich glaube, es würde euch nicht so viel Spaß machen, in den Wolken zu fliegen", lachte die Erzieherin. „Ihr würdet ganz naß werden. Die Wolken sind voll von vielen winzig kleinen Wassertröpfchen. Sie fliegen auf und ab wie kleine Blätter im Wind. Wenn die Wolken ganz hoch treiben und in kühlere Luft kommen, dann schließen sich die Tröpfchen zu dickeren Tropfen zusammen. Sie werden schwerer und schwerer und können nicht mehr herumschweben. Dann beginnen sie herunterzufallen. Es regnet."

Michael und Karen sind heute wieder ans Wasser gegangen. Sie wollen einen schönen großen Hafen für ihre Schiffe bauen. Aber vorher dürfen sie ihre Badehose anziehen und im Wasser herumplanschen. „Zieht aber euer nasses Zeug aus, bevor ihr im Sand spielt!" ruft die Erzieherin. Die Kinder legen ihr nasses Badezeug ausgebreitet auf die Sandburg. Als sie nach einiger Zeit nach Hause gehen wollen, sind die Badehosen fast ganz trocken. „Wo ist denn das Wasser geblieben?" fragt Michael. „Das Wasser ist in winzig kleine Tröpfchen verdampft", sagt die Erzieherin. „Wenn du deine nasse Hand in die Sonne hältst, trocknet sie auch ganz schnell. Du kannst diese kleinen Wassertröpfchen nicht sehen. Die warme Luft, die aufsteigt, nimmt sie mit. Immer höher steigen sie. In den großen Höhen wird es kälter, und die Wassertropfen ballen sich zusammen. Sie schweben in der Luft als Wolken."

Michael und Karen stehen abends am Fenster „Guck mal", ruft Michael, „die Wolken sehen ganz rosa aus. So rosa wie unsre Tapete im Kinderzimmer. Mami, guck doch, da sind ganz viele rosa Wassertröpfchen in den Wolken!" Die Mutter lacht. „Schaut mal, da drüben geht die Sonne unter. Sie leuchtet ganz rot am Himmel. Die Wassertröpfchen in den Wolken erscheinen in der Farbe des Lichtes, mit dem sie angestrahlt werden. Auch frühmorgens, wenn die Sonne aufgeht, könnt ihr manchmal rosa Wölkchen sehen."

Wolken-Reime

Schau – da eine Wolke
wie heller zarter Rauch,
wie ein großer Wolkenschimmel
mit Mähne und weißem...   (Bauch)

Hier zieht eine Wolke,
die sieht aus wie ein Kopf,
wie ein Mädchen mit langen Haaren
und wehendem...   (Zopf)

Und dort eine Wolke,
kuschlig wie ein Teddybär,
treibt sie über die Häuser
weit hinaus auf das...   (Meer)

Nun kommt eine Wolke
wie ein Ball, prall und rund,
und der Wind macht daraus
einen großen weißen...   (Hund)

Und den nehm ich am liebsten
ganz schnell mit nach Haus.
Doch da pustet der Wind ihn
in die Weite...   (hinaus)

Wolkenrätsel

Manchmal toben sie und spielen,
weiß und wollig übers Haus.
Manchmal sind sie grau und dunkel,
ruhen sich dann lange aus.

Manchmal denk ich, weiße Schimmel
ziehen über uns dahin.
Oder Schäfchen stehn am Himmel,
weißt du nun des Rätsels Sinn?

(Wolken)

Viele tausend Schäfchen
ziehen dort entlang,
weiße schöne Tiere,
ruhig ist ihr Gang.

Flockig zarte Felle
seh' ich Reih an Reih,
und die vielen kleinen
ziehn am End vorbei.

Grade ausgerichtet
weiden sie in Ruh.
Kennst du ihre Wiese?
So, nun rate du!

(Schäfchen-Wolken)

Der kleine Wolkenmacher

Heute hat Olaf etwas Besonderes im Kindergarten zu erzählen. „Ich hab' gestern zu Haus selbst eine kleine Wolke gemacht!" lacht er. „Du spinnst wohl!" rufen die anderen Kinder, „Wolken zaubern, das kann keiner!" – Da wird Olaf wütend. Beinahe hätte es einen richtigen Streit gegeben. Die Erzieherin sagt: „Nun erzähl uns das doch mal ganz genau mit deiner Wolke!" –
„Ich sollte gestern abend baden!" sagt Olaf. „Meine Mutter macht das Badewasser immer nicht besonders warm, weil ich sonst so lange mit meinen Schiffchen darin spiele und gar nicht heraus will. Da hab' ich den Heißwasserhahn einfach ein bißchen heißer gedreht und das kühlere Wasser abgelassen. Das hat ganz doll gedampft im Badezimmer, und richtig kleine Wolken sind aufgestiegen." – „Das hast du ganz gut beobachtet", sagt die Erzieherin. „Das warme Wasser verdampft viel schneller als das kalte Wasser. Es steigt in der Badewanne hoch und kühlt sich in der Luft ab. Die unsichtbaren kleinen Wassertropfen werden zu großen Tropfen, die man sehen kann. So entsteht eine kleine Wolke über deiner Badewanne!" – „Toll", sagt Karen, „da werde ich heute abend auch mal Wolkenmacher spielen!"

Wir „bauen" eine Sonnenuhr

Wir füllen einen Blumentopf mit Erde und stecken einen Stab hinein. Wenn die Sonne auf den Stab scheint, wirft er einen Schatten. Dort, wo der Schatten jeweils zu einer bestimmten Stunde steht, machen wir auf dem Boden ein Zeichen (Zahlen oder Symbole). Wenn Kinder das einmal gemacht haben, können sie am Schatten die Tageszeit ablesen. Ist um die Mittagszeit der Schatten zu kurz, können wir ihn dadurch verlängern, daß wir dem Stab gegen Norden eine Neigung von etwa 60° geben.

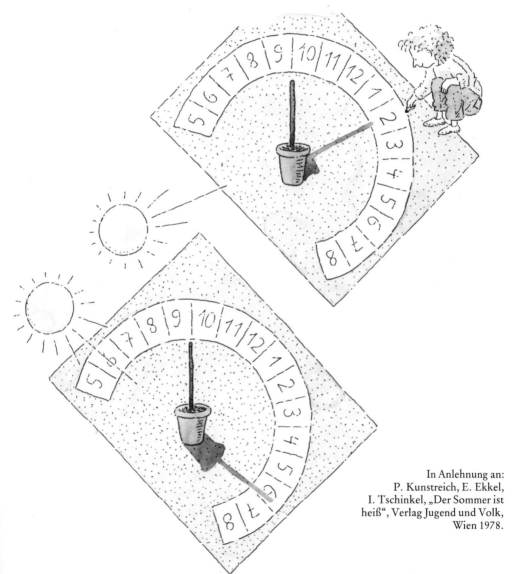

In Anlehnung an:
P. Kunstreich, E. Ekkel, I. Tschinkel, „Der Sommer ist heiß", Verlag Jugend und Volk, Wien 1978.

Von Blitz und Donner

„Heute zieh' ich zum Kindergarten nur meine ganz kurze Hose und das dünne Hemd an und keine Söckchen!" ruft Gabi. „Mami, so heiß war es noch nie!" – Die Mutter schaut zum Himmel. „Ich glaube, heute wird es noch ein Gewitter geben!" – „Wirklich?" fragt Gabi ganz erschrocken. „Holst du mich vom Kindergarten ab, wenn es donnert?" – „Du brauchst keine Angst zu haben, ich komme mit dem Auto!" tröstet sie die Mutter. „Da kann uns der Blitz nichts tun!"
Auf dem Weg zum Kindergarten geht Gabi im Schatten der Häuser. „Komisch" denkt sie, „den Schwalben wird es auch zu heiß. Sie fliegen ganz tief über dem Boden."

Gegen Mittag ziehen in der Ferne dunkle Wolken auf. Nach einer Weile hören die Kinder im Kindergarten von fern ein dumpfes Donnergrollen.
Kai und Ralf, Michael und Gabi laufen zur Erzieherin. „Ich hab' immer Angst, wenn es donnert!" sagt Gabi leise. „Ich nicht!" ruft Michael stolz, „ich finde den Blitz toll, das sieht aus, als ob der Himmel hinten ganz golden ist." – „Ich denk immer, daß der Gott im Himmel böse ist und deshalb so lauten Donner macht!" ruft Ralf.

„Woher kommt das Gewitter eigentlich?" fragt Kai. „Gewitter gibt es meistens im Sommer," erklärt die Erzieherin. „Wenn es sehr heiß ist, dann steigt die warme Luft rasch in die Höhe. Weiter oben ist es kühl. Die warme Luft und die kalte Luft prallen aufeinander, sie wirbeln hin und her, sie versuchen sich zu verdrängen. Dadurch werden die Wolken ‚elektrisch aufgeladen'. – Schaut mal her, wenn ich einen Strumpf an einem Gegenstand aus Plastik reibe, dann knistert es richtig, und es kann ein Funke entstehen. Die beiden Gegenstände sind elektrisch aufgeladen. – Über uns ‚reiben' sich an heißen Sommertagen die Luftmengen so stark, daß es riesige Funken gibt. Das sind die Blitze." „Und wieso machen die Blitze denn so einen Krach?" fragt Michael. „Wenn der Blitz am Himmel zuckt, wird die Luft an seiner Bahn sehr, sehr heiß. Sie dehnt sich ganz schnell aus. Das ist wie eine Explosion. Wir nennen es Donner."

„Vor dem Donner hab' ich am meisten Angst!" sagt Gabi. „Der Donner ist nicht gefährlich," meint die Erzieherin, „er hört sich nur unheimlich an. Vor dem Blitz braucht ihr hier im Kindergarten auch nicht Angst zu haben. Wir haben oben auf dem Dach einen Blitzableiter. Der leitet die Elektrizität in einem dicken Metalldraht in die Erde.

Wenn ihr aber draußen im Sommer von einem Gewitter überrascht werdet, solltet ihr nicht herumlaufen oder euch unter einen hohen Baum stellen. Lieber duckt euch flach auf die Erde, am besten in eine Mulde."

„Ich bin mal bei Gewitter im Wasser gewesen!" sagt Michael. „Aber meine Mutter hat mich ganz schnell herausgeholt." – „Bei Gewitter darf man nicht baden", sagt die Erzieherin. „Der Blitz schlägt auch im Wasser ein!"

In der Ferne rumst und donnert es noch ein paarmal. „Ich glaube, das Gewitter ist vorübergezogen", sagt die Erzieherin. – „Schade, ich hab' mich schon auf ein paar schöne zackige Blitze gefreut!" lacht Michael. „So vom Fenster her sehen die ganz toll aus!" – „Nein", protestiert Gabi, „ich bin froh, daß das Gewitter weg ist!"

Rätsel von Blitz und Donner

Hustet hinterm Berg ein Riese
oder gähnt ein Krokodil?
Kegeln Riesenelefanten
Riesenkugeln rasch ins Ziel?

Speien Feuerdrachen Flammen
übern ganzen Himmel hin?
Nimm mich auf den Schoß doch, Mami!
Weißt du wohl des Rätsels Sinn?

(Donner und Blitz)

Unterm Blätterdach

Text: Barbara Cratzius   Melodie: Paul G. Walter

1. Die Re-gen-frau, die Re-gen-frau, die spinnt die Fä-den dicht. Es tropft und rinnt von Blatt zu Blatt und platscht mir aufs Ge-sicht.

2. Ich sitze unterm Blätterdach,
doch bin ich nicht allein.
Mein Hündchen Fips
liegt neben mir
und rollt sich müde ein.

3. Komm, Fips, wach auf, wir laufen los,
die Regenfrau, die spinnt.
Die hört bis morgen
früh nicht auf,
komm mit nach Haus geschwind!

Vom großen „Wasserkarussell"

In diesem Sommer hat es wochenlang nicht geregnet. Die Pflanzen lassen die Köpfe hängen. Im Kindergarten füllen die Kinder jeden Morgen die Kannen und gießen die Sträucher und kleinen Blumenbeete. „Hoffentlich gibt's bald Regen!" sagt die Erzieherin. „Das Gras auf dem Rasen sieht schon ganz gelb aus!" „Zu Ostern hat es so viele Tage hintereinander geregnet", sagt Michael. „Vielleicht gibt es jetzt ja gar keinen Regen mehr!" „Es wird immer wieder Regenwolken geben!" sagt die Erzieherin. „Die Sonne macht unsere Erde und das Meer warm. Sie ‚trinkt' sozusagen das Wasser auf. Man sagt, das Wasser verdunstet. Die Sonne macht nämlich aus dem Wasser Wasserdampf.

Der schwebt unsichtbar in der Luft und steigt in die Höhe." "Ja, und das gibt die Wolken", lacht Michael. "Es geht kein Wassertropfen verloren!" erklärt die Erzieherin. "Regen oder Schnee oder Hagel, alle steigen irgendwann als Wasserdampf wieder in die Höhe." "Das ist ja wie ein richtiges Wasserkarussell!" lacht Karen. "Man sagt, das ist der Kreislauf des Wassers", erklärt die Erzieherin. "Wasserkarussell klingt besser!" lacht Michael.

Der Regenbogenmacher

"Gestern hab' ich einen Regenbogen im Garten gemacht!" ruft Tim. "Der lügt, der lügt!" schreien die andern Kinder. "Gestern hat es überhaupt nicht geregnet!"
"Doch ich hab' im Garten gestanden und mit dem Schlauch ein bißchen umhergespritzt. Zuerst kam kein Regenbogen, aber als ich mal in eine andere Richtung gespritzt und mich etwas umgedreht habe, war wirklich ein toller bunter Regenbogen zu sehen."
"Das hat Tim wirklich erlebt!" sagt die Erzieherin. "Wenn ihr die Sonne im Rücken habt, könnt ihr das selbst mal mit dem Gartenschlauch versuchen. Wir sehen ja das Licht der Sonne immer in heller weißer Farbe. In Wirklichkeit ist das Sonnenlicht aus Violett, Dunkelblau, Hellblau, Grün, Gelb, Orange und Rot gemischt. Aber wenn das Licht aller Farben gleichzeitig unser Auge trifft, erscheint es uns weiß. Nun fällt das Licht aber gegen einen Regentropfen. Der wirkt wie ein Spiegel. Er wirft das Licht zurück. Dabei wird es in seine Farben zerlegt. Diese Farben siehst du wie einen leuchtenden Bogen am Himmel. Du kannst ihn aber nicht anfassen. Wenn du das Wasser abstellst, ist der Regenbogen verschwunden." "Das ist wirklich ein tolles Spiel!" ruft Anja, "heute nachmittag zaubere ich mir auch einen Regenbogen mit dem Gartenschlauch!"

Lied von den kleinen Wassertropfen

Text: Barbara Cratzius
Melodie: Paul G. Walter

1. Plitsch und Platsch, die beiden Tropfen, kommen durch den Bach geschwommen. O, die Sonne brennt so heiß, hat sie sachte mitgenommen. Sonne, Sonne, strahle hell. du kommst her ganz leise. Nimm sie mit, nimm sie mit auf die große Reise!

2. Titsch und Tatsch, die beiden Tropfen,
sitzen tief als Tau im Grase.
Heute schwitze ich ganz doll,
und es rinnt von Stirn und Nase.
Sonne, Sonne ...

3. Plim und Plom, die beiden Tropfen,
hängen an der roten Kanne.
O, die Sonne scheint so warm
auf die Puppenbadewanne.
Sonne, Sonne ...

4. Plum und Plam, die beiden Tropfen,
   sitzen auf dem Schwanenrücken.
   O, die Sonne scheint so heiß,
   kannst du sie jetzt noch erblicken?
   Sonne, Sonne ...

5. Tutsch und Tatsch, die beiden Tropfen,
   sitzen auf den Birkenzweigen.
   O, die Sonne scheint so warm,
   daß sie ganz schnell höher steigen.
   Sonne, Sonne ...

6. Sagt mir, wohin geht die Reise,
   weit, weit fort von unsrer Erde?
   Seht, da schwimmen Schäfchenwolken,
   Wolkenlämmer, Wolkenpferde.

Kehrvers am Schluß:
   Über uns ziehn sie entlang,
   über'n Himmel hier.
   Kommt zurück, kommt zurück,
   bald von eurer Reise!

Fingerspiel vom Regenbogen

Regen, Regentröpfchen
fallen auf mein Köpfchen.
Pitsche – patsche, pitsche – patsche,
überall ist dicke Matsche.
Kommt die liebe Sonne raus,
scheint auf Wolken, Gras und Haus.
Und da kommt ein Regenbogen
bunt und schön dahergezogen.
Bleib doch mal ein Weilchen stehn,
Regenbogen, du bist schön!
O – da ziehn die Wolken dicht
Vorhang zu vors Sonnenlicht,
ziehn noch viele Wolken her,
Bogen, wir sehen dich nicht mehr.

Zappelnde Bewegung aller Finger.

Rechte Hand spreizt die Finger zur Sonne, linke Hand ist der Regenbogen.

Rechte Hand schließt sich.

Linke Hand schließt sich

O – du schöner Regenbogen!

Drippel, droppel, dröpfchen,
immer auf mein Köpfchen,
alles ist ganz grisegrau,
so viel Wolken, komm und schau!
Doch auf einmal – was ist das?
Noch sind alle Wiesen naß,
da kommt aus dem Wolkentor
strahlend hell die Sonne vor.
Und sie malt mit leichter Hand
viele Farben auf die Regenwand.
Violett und gelb und blau,
rot, orange und grün – so schau!
Leuchtend ist der Regenbogen
über Feld und Wald gezogen.
Regenbogen du bist schön,
ich will dich noch lange sehn.
Und verschwindest du vor mir,
bleibst du stehn auf dem Papier.

Als Malspiel oder Fingerspiel

3 Petersilie, Suppenkraut, wächst in unserem Garten

Was die Pflanzen zum Leben brauchen .	Erzählung – Geschichte	36
Petersilie, Suppenkraut	Spiellied	37
Die drei Schmetterlinge auf der Sommerwiese	Erzählung – Geschichte	38
Glockenblume	Lied	40
Die Geschichte von der kleinen Walderdbeere	Erzählung – Geschichte	41
Sommerlied: Segle, weiße Sommerwolke	Lied	43
Was die Wurzeln alles können	Erzählung – Geschichte	44
Wir entdecken die „Zaubersprossen" . .	Erzählung – Geschichte	45
Gut und schmackhaft: Sesam-Makronen und Sesam-Bällchen, Sommerlicher Fruchtsalat, Roter Zauberbecher, Rhabarberkompott	Rezepte	47

Was die Pflanzen zum Leben brauchen

Heute ist der Fensterputzer gekommen. Er hat die Blumentöpfe von den Fensterbänken genommen.
Als die Fenster blank geputzt sind, helfen die Kinder, die Töpfe wieder zurückzustellen. „Guck mal!" sagt Nina, „diese Pflanze ist ganz schief gewachsen!"
Jetzt hebt Michael den schweren Gummibaum hoch. „Der sieht aus, als ob er in die Glasscheibe reinwachsen will!" lachte er. „Alle Blätter haben sich zum Fenster hingedreht."
„Das hast du gut beobachtet!" sagt die Erzieherin. „Alle Pflanzen brauchen nämlich das Licht der Sonne. Ich drehe jetzt mal den Schnittlauch hier so herum, daß die Stengel in den Raum hineinzeigen. Nach ein paar Tagen wird er ganz gerade stehen, und dann wird er sich wieder zur Sonne hinwenden."
„Wie bei unsern Sonnenblumen im Garten!" ruft Kai. „Die haben ihre Köpfe den ganzen Tag lang immer zur Sonne herumgedreht. Abends haben sie in eine ganz andere Richtung geschaut als morgens."
„Alle grünen Pflanzen machen das", sagt die Erzieherin. „Aber warum denn? Wollen die auch braun werden wie wir?" fragt Gabi.
„Sie brauchen das Sonnenlicht, um ihre Nahrung bilden zu können", erklärt die Erzieherin. „In den Blättern sind ganz kleine Öffnungen. Dadurch nehmen sie Luft auf. Die Wurzeln ziehen die Nährstoffe und das Wasser aus der Erde und bringen sie zu den Blättern. Mit Hilfe des Sonnenlichts, das von den Blättern eingefangen wird, stellt die Pflanze Traubenzucker her. Dabei wird Sauerstoff abgegeben. Und den brauchen wir Menschen zum Atmen."
„Dann ist es ja gut, daß wir so viele Pflanzen im Kindergarten haben!" lacht Nina. „Meine Mutter hat gesagt, in der Innenstadt ist die Luft so schlecht, weil es da so wenig Bäume und Gärten gibt und so viele Autos die Luft vollstänkern."
„Ja, die grünen Blätter der Bäume und Pflanzen sind eine richtige ‚Luftpolizei' für uns!" lacht die Erzieherin. „Wenn die Blätter der Bäume an den Straßen und Autobahnen aber zuviel giftige Gase von den Autos einatmen müssen, werden sie krank, und die Bäume sterben."
Michael guckt zum Fenster hinaus. „Bei uns im Kindergarten sind die Bäume und Büsche aber noch schön grün", sagt er. „Und unsere Blumen im Zimmer und draußen im Garten wollen wir schön pflegen und fleißig gießen, daß sie unsere Luft sauberhalten können!" sagt die Erzieherin.

Petersilie, Suppenkraut – Spiellied

Dieses Lied setzt die Kenntnis und genaue Betrachtung der angesprochenen Blumen voraus.
Beim Spiellied können die Kinder singend im Kreis herumgehen. Immer zwei Blumenkinder gehen im Innenkreis in der entgegengesetzten Richtung herum. Bei den Schlußworten „pflücken fein" werden sie von den ihnen am nächsten stehenden Kindern angetippt und gehen nun hinter ihnen im Außenkreis herum. Dann werden zwei neue Blumenkinder gewählt.
(Die Melodie des Liedes ist traditionell).

Petersilie, Suppenkraut wächst in unserm Garten,
Sonne, Sonne, scheine warm, laß sie doch nicht warten.
Tretet ein, tretet ein, nun wollen wir sie pflücken fein.

Heckenrosen, Löwenzahn wächst in unserm Garten,
Sonne, Sonne, scheine warm, laß sie doch nicht warten.
Tretet ein, tretet ein, nun wollen wir sie pflücken fein.

Margeriten, Hahnenfuß wächst in unserm Garten,
Sonne, Sonne scheine warm, laß sie doch nicht warten.
Tretet ein, tretet ein, nun wollen wir sie pflücken fein.

Glockenblume, Männertreu wächst in unserm Garten,
Sonne, Sonne, scheine warm, laß sie doch nicht warten.
Tretet ein, tretet ein, nun wollen wir sie pflücken fein.

Löwenmaul und Rittersporn wächst in unserm Garten,
Sonne, Sonne, scheine warm, laß sie doch nicht warten.
Tretet ein, tretet ein, nun wollen wir sie pflücken fein.

Klatschmohn und der Fingerhut wächst in unserm Garten,
Sonne, Sonne, scheine warm, laß sie doch nicht warten.
Tretet ein, tretet ein, nun wollen wir sie pflücken fein.

Die drei Schmetterlinge auf der Sommerwiese

Die Sommerwiese stand in vollster Blüte. Klee, Thymian und Kamillen dufteten, die roten Berglilien hatten ihre Kelche geöffnet, die Königskerze streckte ihre gelben Blüten in die Sommersonne. Libellen, Bienen und Schmetterlinge taumelten von Blüte zu Blüte und tranken sich satt. Am Rand der Wiese stand eine Tanne. Sie hatte zarte grüne Spitzen aufgesetzt und kleine braune Tannenzapfen an die Zweige gehängt. „Ich gebe mir solche Mühe, schön auszusehen!" dachte sie, „aber keine Biene, kein Schmetterling, keine Libelle mit den zarten blauen Flügeln fliegt zu mir her. Nur eine Wühlmaus knabbert ab und zu an meinen Wurzeln, und ein Eichhörnchen knabbert an meinen Zapfen. Auch die Meisen haben mich schon ein paarmal besucht, und die große schwarze Kröte hockt gern unter meinen Zweigen. Aber die Schmetterlinge, die schönen bunten Schmetterlinge! Ihre Flügel sind fast durchsichtig, wenn die Sonne draufstrahlt! Doch bis jetzt hat sich noch kein Schmetterling zu mir hinaufgewagt! Ich hab' ja auch so spitze dunkle Nadeln!"

Da gaukelten ein weißer, ein gelber und ein brauner Schmetterling ganz dicht an dem Tannenbaum vorbei. Mit lautem „Kra, kra", erhob sich die große dunkle Krähe aus den Tannenwipfeln und schwebte über die Wiese. „Schnell! Schnell!" riefen die langen Königskerzen dem gelben Schmetterling zu.

Lieber gelber Schmetterling
mit den zarten Flügeln.
Die Krähe kommt, die Krähe kommt,
paß auf, du mußt dich hüten.
So flattre doch ganz schnell herbei,
ich öffne die gelben Blüten.

Schon war der gelbe Schmetterling in die Blüte hineingeschlüpft, und die große Krähe flog mißmutig weiter. „Wo der freche gelbe Fratz nur geblieben sein mag!" krächzte sie. Über die Kamillenblüte taumelte der weiße Schmetterling. „Den werd' ich mir schnappen!" krächzte die Krähe. – Da rief die Kamillenblüte:

Lieber weißer Schmetterling
mit den zarten Flügeln.
Die Krähe kommt, die Krähe kommt,
paß auf, du mußt dich hüten.
So flattre doch ganz schnell herbei,
ich öffne die weißen Blüten.

Schon war der weiße Schmetterling in die Kamillenblüte geschlüpft und saß ganz still da. „Nun ist das weiße Zappelding auch verschwunden!" krächzte die Krähe. „Aber dort flattert ja noch ein brauner Schmetterling, der soll mir nicht entgehen!" Da fuhr ein Windzug über die Wiese und trieb den braunen Schmetterling auf die Tanne am Waldrand zu. Die Tannenzweige zitterten vor Freude, und die Tanne rief:

Lieber brauner Schmetterling
mit den zarten Flügeln.
Du kannst dich in meiner Rinde verstecken,
dann wird die Krähe dich nicht entdecken.
Da fliegt sie vorbei, der Bösewicht,
bleib nur ganz still und rühr' dich nicht.

So ist es gekommen, daß der braune Schmetterling und die Tanne Freunde geworden sind. Vielleicht entdeckt ihr sie, die gelben und weißen Schmetterlinge auf der Sommerwiese und die braunen, die sich gern auf die Rinde unserer Bäume setzen.

Glockenblume

Text: Barbara Cratzius   Melodie: Paul G. Walter

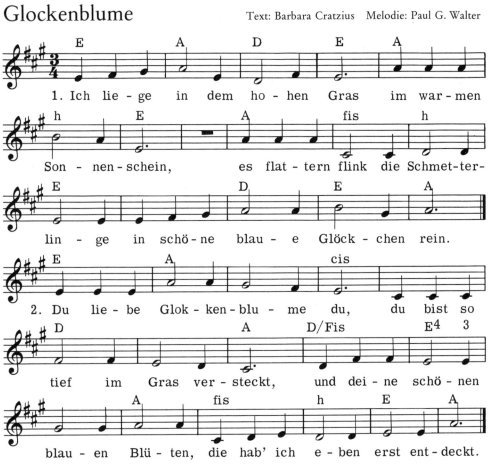

3. Du öffnest sie den Bienen weit,
   sie fliegen ein und aus,
   und auch die vielen Krabbelkäfer,
   die kriechen schnell ins Glockenhaus.

4. Die kleinen Glocken schwingt der Wind,
   ich spür' sein leises Wehen kaum.
   Weich lieg' ich auf dem Wolkenbette
   und bin schon fortgeschwebt im Traum.

Die Geschichte von der kleinen Walderdbeere

Die Bergwiese stand in voller Blüte.
Der Sauerampfer streckte seine roten Fähnchen empor, der weiße und rote Klee setzte Tupfen ins Gras, und der Hahnenfuß leuchtete mit seinen gelben blanken Blütenblättern. Die Bergdisteln begannen schon silbrig zu schimmern. Jedes Hälmchen, jede Blüte reckte sich der Sonne entgegen; sogar die Flechten, die immer so gern versteckt an den Steinen entlangkrochen, versuchten, hinauf ans Licht zu kommen.
Unter einem überhängenden Stein, zwischen Farn und Brennesseln, hatte sich eine Walderdbeere angesiedelt. Nur mühsam konnte sie ihre kleinen grünen Blätter zwischen den Farnwedeln emporstrecken.

> Arme, kleine Walderdbeere
> ach, wie tust du uns so leid.
> Du kannst ja kaum richtig blühen,
> wachse und reck dich weit!

riefen die Sauerampferblüten der kleinen Erdbeerpflanze zu. „Es kann dir niemand helfen!" sagte mitleidig eine Kleeblüte. „Der Stein ist viel zu schwer, den kann nicht einmal eine flinke Ziege oder eine Kuh mit ihren schweren Beinen fortbewegen."

> Arme, kleine Walderdbeere,
> nie siehst du den Sonnenschein;
> wie solln deine Früchte reifen
> unterm großen schweren Stein!

Aber die Walderdbeere wuchs und wuchs unermüdlich weiter. Ihre Blätter saugten den Tau ein, der sich morgens auf die Wiese legte, die Farne hielten die sengenden Sonnenstrahlen ab. Eine Blüte nach der anderen entfaltete sich, und als sie abgeblüht waren, bildeten sich schöne, kleine, grüne Früchte.

Die Sommersonne stieg höher, der Klee und der Hahnenfuß seufzten unter ihren sengenden Strahlen. Nur der Mauerpfeffer und die Disteln ließen ihre Köpfe nicht hängen. „Paßt auf!" riefen sie dem Klee und dem Sauerampfer zu, „da werden die Kühe über die Wiesen getrieben, reckt euch nicht zu hoch empor!"
Aber da war es schon zu spät. Die breiten Kuhmäuler mahlten und mahlten; bald waren die saftigen Gräser, die Kleeblüten und der Sauerampfer niedergetrampelt und abgerupft. Den Rest nahmen die Wanderer, die über die Sommerwiese geschritten kamen, mit.
„Bald stehen wir allein da", sagten die Disteln. „Wir sind so stachelig und der Mauerpfeffer ist so winzig. Na, kleine Walderdbeere, lebst du noch?"

> Ich wachse, wachse unterm Stein,
> das könnt ihr euch wohl denken.
> Die Früchte sind so rot und süß,
> ich möchte sie verschenken!

sagte die Walderdbeere leise. „Sonderbare kleine Pflanze!" meinte die Distel. „Ich bin froh, daß ich Stacheln habe und keiner mich anrührt. Und du willst deine Früchte freiwillig fortgeben!"
Da kamen Kinder über die Wiese gelaufen. „Schau nur, die schöne Distel!" rief ein Mädchen. „Die nehme ich mir mit nach Hause und lasse sie trocknen. Zu Weihnachten sprüh ich sie golden an. Das wird wunderhübsch aussehen am Tannenbaum!"
„Den Mauerpfeffer grabe ich vorsichtig aus!" rief ein Junge, „der soll in meinem Steingarten wachsen!"
„Wenn sie mich doch finden würden!" dachte die Walderdbeere. „Warum muß ich so versteckt zwischen den hohen Farnen stehen!"
Aber da hatten die Kinder sie schon entdeckt. „Das ist das Allerschönste!" riefen sie. „Rote Walderdbeeren! Wie das schmeckt! So süße haben wir noch nie gegessen!"

Sommerlied

Text: Barbara Cratzius   Melodie: Paul G. Walter

1. Segle, weiße Sommerwolke, übers blaue Himmelsmeer. Blast nur, warme Sommerwinde, treibt das Wölkchen hin und her.

2. Sommergras am Wegesrande
   spürt den warmen Anhauch schon,
   wiegt sich sacht im Sommerwinde
   Rittersporn und roter Mohn.

3. Birken schwenken ihre Zweige,
   hoch schwingt sich das Schwalbenkind.
   Kommt, wir laufen auf die Wiesen
   in dem leichten Sommerwind.

4. Segle, weiße Sommerwolke
   übers blaue Himmelsmeer.
   Blumen, Beeren, süße Früchte
   schickt uns bald der Sommer her.

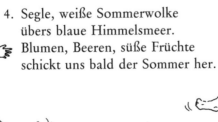

Was die Wurzeln alles können

Michael und Kai spielen in der Sandkiste. „Du, ich lasse jetzt meinen Sandlaster über den Asphaltweg rollen bis zur Hecke!" ruft Michael. „Und da drüben bei den Sträuchern laden wir den Sand ab. „Paß bloß auf, daß die Autos nicht umkippen!" meint Kai. „Da sind immer so komische Buckel auf dem Weg. Ich bin vorhin schon fast gestolpert! Michael kriecht langsam auf dem harten Asphalt vorwärts. „Komisch", sagt er, „richtige Risse sind da! Als ob ein Riese von unten seine Hand durchstecken will."
„Der Riese, das sind die Sanddornhecken drüben!" lacht die Erzieherin. „Die Wurzeln sind so stark, daß sie den schweren Asphalt richtig hochstemmen können." Nun stehen auch die anderen Kinder vom Kindergarten staunend um die Buckel und Risse herum.
„Das wollen wir in den nächsten Tagen mal bei einem kleinen Riesen beobachten!" sagt die Erzieherin. Sie füllt einen hohen Glasbehälter abwechselnd mit Kies, Lehm, Gartenerde, Sand, kleinen Steinen und Blumenerde. „So, und jetzt wollen wir oben drauf Senfsamen säen. Nun müssen wir sie jeden Tag vorsichtig gießen."
„Und ans Fenster stellen, damit sie Licht kriegen!" meint Michael.
Nach ein paar Tagen fangen die Senfkörner an, lange weiße Wurzeln zu bilden. „Der kleine Riese hat aber wirklich viel Kraft", staunt Kai. „Wie die Wurzeln durch den Kies und die Steine hindurchwachsen! Toll finde ich das!"

Wir entdecken die „Zaubersprossen"

Heute morgen hat die Erzieherin ein großes Weckglas, ein Stück Gaze (Plastikfliegendraht), einen Gummiring und eine geheimnisvolle Tüte mitgebracht. Die Kinder stehen neugierig um den Tisch herum. Die Erzieherin schüttet die Samenkörner in das Glas. „Die klötern ja richtig laut!" ruft Michael, „fast wie kleine Steine!"
„Und diese kleinen Steinchen wollen wir in ein paar Tagen zum Frühstück essen!" sagt die Erzieherin.
„Das gibt bestimmt Bauchschmerzen!" ruft Gabi.
„Wartet es nur ab, wie sich unsere Steinchen verändern!" sagt die Erzieherin. „Jetzt sind sie noch klein und hart. Aber in ein paar Tagen werden sie ganz anders aussehen. Zuerst wollen wir die Samen mehrere Stunden lang einweichen."
Als die Kinder mittags nach dem Samenglas schauen, sehen sie, daß die kleinen Kerne sehr aufgequollen sind. „Die sind ja fast doppelt so groß geworden!" ruft Gabi.
Die Erzieherin gießt das Einweichwasser in eine Blumenkanne. „Das Wasser hat viele Nährstoffe aus dem Samen aufgenommen," sagt sie. „Wir können gut die Blumen damit begießen, sogar als Wasser für Suppen können wir es verwenden." Nun verschließt sie das Weckglas mit einem Stück Gaze und dem Gummiring und stellt es schräg, so daß das restliche Wasser heraustropfen kann.
Dann stellt sie das Weckglas ans Fenster. Am nächsten Morgen gucken die Kinder als erstes nach ihrem „Wundersamen!" Aber noch hat sich nichts gerührt.
Die Erzieherin gießt Wasser durch die Gaze in das Glas und spült die Samen kräftig durch. Sie läßt das Wasser eine Weile auf dem Samen stehen. Dann gießt sie es ab und stellt das Glas wieder schräg zum Ablaufen in das Spülbecken.

Michael trägt das Glas ans Fenster.
Als die Kinder mittags nach Hause gehen, wirft er noch einen Blick auf die kleinen Samenkerne. „Da, die ersten grünen Spitzen gucken raus!" ruft er ganz aufgeregt. Nun wachsen die Keime jeden Tag etwas mehr. Nach fünf Tagen sieht das ganze Weckglas aus wie eine kleine weißgrüne Wiese.
„Heute gibt es für jedes Kind Butterbrot mit Quark und unsern Keimen obendrauf!" sagt die Erzieherin.
„Wie heißen denn die kleinen Samen?" fragt Gabi.
„Das sind Luzernensamen oder Alfalfa. Der Name kommt aus der arabischen Sprache und bedeutet ‚gutes Futter'." Und das ist gut für eure Muskeln und Knochen und Zähne. In einer halben Tasse Luzernenkeime stecken so viel Vitamine wie in sechs Gläsern frischgepreßtem Orangensaft.
Neugierig probieren die Kinder die Quarkbrote mit den Sprossen. „Schmeckt ganz interessant!" ruft Michael. „Eigentlich besser als Tomatenketchup."

Hinweise für die Erzieherin:
Kein anderes Gemüse ist so unverfälscht, so frisch und giftfrei wie die frischgekeimten Sprossen. Durch den Prozeß des Keimens wird in den Sprossen eine Fülle von lebenswichtigen Vitaminen, Enzymen, Spurenelementen und Mineralien freigesetzt. Im Hippocrates-Heals-Institut in Boston, USA, werden alle Zivilisationskrankheiten, u. a. Arteriosklerose, Diabetes, Herz- und Kreislaufkrankheiten bis hin zu Krebs mit Sprossen erfolgreich bekämpft.
In der Tiermedizin werden gekeimte Körner schon lange eingesetzt. Die Römer und Araber fütterten ihre Pferde mit gesprossenen Getreidekeimen. Im Kindergarten kann die Erzieherin durch die Hinführung zur Sprossenkost einen wichtigen Beitrag für eine gesunde Ernährung leisten, die unseren Kindern nicht nur Nährmittel (Zukker- und Weißmehlprodukte), sondern wirkliche Lebensmittel, die sie für ein gesundes Wachstum brauchen, bereitstellt.
Die verschiedenen Sprossenfamilien – kleine Samen wie Luzerne, Senf, Sesam, Rettich, Kresse und die Getreide- und Sonnenblumenkerne mit ihren verschiedenen Geschmacksnuancen – lassen uns schmackhafte neue Rezepte entdecken und bereichern unseren Speisezettel. Es ist wichtig, daß auch die Eltern der Kinder in eine Ernährungsberatung einbezogen werden. Die Taschenbücher von Rose-Marie Nöcker im Heyne-Verlag liefern vielfältige Hinweise hierfür (Sprossen und Keime, Körner und Keime).

Gut und schmackhaft

Zunächst zwei Rezepte mit dem köstlichen gesunden Sesam. Auf seine Heilkraft hat schon Hippokrates hingewiesen. Er kann uns wie eine Zaubertür den Weg zur Gesundheit aufschließen. (Kennt ihr das Märchen von Ali Baba und seinen verborgenen Schätzen?) Sesam, Sesam, öffne dich!
Was ist in der Zauberhöhle versteckt?
Probiert doch mal, wie gut es schmeckt!

1. Sesam-Makronen und

2 Eier, 1 Messerspitze echte Vanille, 4 Eßl. Honig, ¼ Pfd. Butter, 250 g Weizenvollkornmehl, 50 g Buchweizenmehl, 100 g Sesam.
Rührt die Butter schaumig und gebt unter Rühren die weiteren Zutaten dazu; das Mehl fügt ihr in kleinen Portionen zu. Heizt den Backofen auf 200° vor. Fettet das Backblech dünn ein. Nun setzt ihr mit dem Teelöffel kleine Häufchen der Makronenmasse auf das Blech und backt sie 25 Minuten lang.

Sesam-Bällchen

Bei diesem Rezept braucht ihr den Backofen nicht anzustellen. Ihr laßt auf schwacher Flamme 2 Tassen Honig und 2 Eßl. Apfelessig langsam kochen, bis die Masse nicht mehr dünnflüssig ist. Dann gebt ihr 2 Tassen Sesam und etwas Vanille und eine Spur Zimt dazu. Nun streicht ihr die Masse dünn auf ein mehlbepudertes Blech und formt kleine Bällchen.

2. Sommerlicher Fruchtsalat

Ihr könnt euch aus einer Mischung verschiedener Sommerfrüchte einen interessanten gesunden Fruchtsalat zaubern. Vermischt dazu kleingeschnittene Erdbeeren mit Pfirsich-, Bananen- und Melonenstücken. Dazwischen streut ihr einige Löffel Luzernensprossen und leicht geröstete Sonnenblumenkerne. Darüber gießt ihr ein Töpfchen süße Sahne, in das ihr je nach Geschmack einige Löffel Honig eingerührt habt. Eine Messerspitze Ingwer und etwas Vanillepulver runden den Geschmack ab. Ihr füllt den Fruchtsalat in eine halbierte, ausgehöhlte Honigmelone oder in eine große Wassermelone. Vorher habt ihr der Melone einen sehr schön gezackten Rand eingeschnitten.

3. Roter Zauberbecher

Diese sommerliche Eiscreme ist eine sehr gesunde, vitamin- und mineralstoffreiche Schleckerei, die ohne Zucker zubereitet wird. Vermischt einen großen Becher Joghurt je nach Geschmack mit 2 bis 3 Eßl. Honig und fügt ½ Pfund Erdbeermus und etwas Vanille zu. Dafür zerdrückt ihr die Erdbeeren mit der Gabel oder gebt sie in einen Mixer. Dann stellt ihr die Mischung einige Stunden in das Tiefkühlfach. Das Erdbeereis schmeckt am besten, wenn es halb angetaut ist.

4. Rhabarberkompott „Saurer Sommerspaß"

Ihr braucht dazu mehrere Rhabarberstengel. Wascht sie und zieht die rote Haut ab. Nun schneidet ihr die Stengel in Stücke und kocht sie kurz auf. Sie zerfallen sehr schnell. Dann meßt ihr die Flüssigkeit in einem Meßbecher ab. Zum Andikken von ½ l Rhabarberkompott braucht ihr 1 Päckchen Vanillepuddingpulver, am besten mit Naturvanille. Ihr rührt das Puddingpulver in einer Tasse an, erhitzt das Kompott noch einmal kurz und rührt das Puddingpulver vorsichtig hinein. Am Schluß fügt ihr 2 bis 3 Eßlöffel Honig oder Apfeldicksaft zum Süßen zu.
Dazu schmeckt Vanillesoße oder Vanilleeis besonders lecker. Beachtet: Rhabarber solltet ihr nicht roh essen; außerdem sind die Blätter giftig. Ab Juli sollte der Rhabarber nicht mehr geerntet werden.
Wenn ihr in einer Gartenecke Rhabarber pflanzen wollt, müßt ihr daran denken, daß er viel Platz und lockeren Boden braucht. Die beste Pflanzzeit ist im Oktober. Bei Bienenstichen ist Rhabarbersaft vom frischen Stengel ein vorzügliches Heilmittel.

4 Dreh den großen Kopf herum, liebe, dicke Kuh!

Alle unsere Tiere	SPIELLIED	50
Die Geschichte vom Zicklein, das nicht weiß sein wollte	ERZÄHLUNG–GESCHICHTE	51
Tierrätsel	RÄTSEL	52
Dreh den großen Kopf herum!	LIED	53
Rätsel-Lied	LIED	54
Schwäne aus Papier	BASTELVORSCHLAG	55
Lied von den Tierkindern und Menschenkindern	LIED	56
Was die Tiere im Sommer tun	WORTERGÄNZUNGEN	58
Ein bunter Schmetterling	SPIEL	58
Fingerspiel: Da guckt ein langer Rüssel raus	FINGERSPIEL	59
Hinterm hohen Haselstrauch	ZUNGENBRECHER	59
Spiel mit dem Würfel	SPIEL	60
Biene aus Erlenzapfen	BASTELVORSCHLAG	60

Alle unsere Tiere

Dieses Aufwach- und Einschlafspiel nimmt den Bewegungsdrang der Kinder auf. Nachdem alle Kinder im Kreis sich gemäß der gesungenen Strophen fröhlich bewegt haben (dabei kann es ruhig turbulent zugehen, z. B. Löwe, Elefant ...), werden die Kinder bei den leiser gesungenen „Einschlafstrophen" wieder zur Ruhe geführt. Diesen Wechsel zwischen laut – leise, Bewegung – Ruhe vollziehen die Kinder erfahrungsgemäß sehr gern. Dieses Spiel kann mit unterschiedlicher Rollenbesetzung oft wiederholt werden. Es kann auch als Spielvorschlag für das Sommerfest aufgenommen werden, wobei gemeinsam neue Strophen entwickelt werden können.

(Nach der Melodie: „Alle meine Entchen".)

Alle unsre Tauben
sind schon lange wach.
Gurren, flattern, fliegen
auf das Scheunendach.

Tauben flattern von der Kreislinie in den Kreis, „fliegen" gurrend herum und laufen wieder zur Kreislinie zurück.

Alle unsre Katzen
schleichen leis herein.
Strecken sich und recken,
wer will Kätzchen sein?

Kätzchen schleichen von der Kreislinie in den Kreis, recken sich, zeigen ihre Krallen, mauzen, machen „Katzenbuckel" und laufen wieder auf die Kreislinie zurück.
Entsprechende Bewegungen werden für alle weiteren Strophen gemacht.

Alle unsre Mäuse
huschen leise herein.
Flitzen, sausen, piepen,
wer will Mäuschen sein?

Alle unsre Hunde
springen laut herein.
Knurren, bellen kratzen,
wer will Hündchen sein?

Alle unsre Pferdchen
traben froh herein.
Wiehern, stampfen, springen,
wer will Pferdchen sein?

Alle unsre Lämmer
springen froh herein.
Mäen, laufen, hüpfen,
wer will Lämmchen sein?

Alle Elefanten
stampfen laut herein.
Schwenken ihre Rüssel,
wer will Elefant sein?

Alle wilden Löwen
springen schnell herein.
Fauchen, brüllen, toben,
wer will Löwe sein?

Alle unsre Tiere
haben Krach gemacht.
Nun sind sie ganz müde,
langsam wird es Nacht.

Alle unsre Tiere
schlafen leise ein.
Unterm hellen Monde,
unterm Sternenschein.

Die Geschichte vom Zicklein, das nicht weiß sein wollte

Es war einmal ein Zicklein. Das war von den Bartspitzen bis zum Schwanz ganz weiß, nur die Hörner waren dunkelbraun. Wenn es über die Bergwiesen sprang, leuchtete das weiße Fell in der Sonne, und die Kinder aus der Stadt, die bei dem Bergbauern Ferien machten, sagten: „Das ist das schönste Zicklein, das wir je gesehen haben!"

Aber das Zicklein war unzufrieden. „Wenn ich doch so ein schönes braunes Fell wie die Kühe auf der Wiese hätte oder so ein graues wie die Murmeltiere oben zwischen den Bergklippen!" jammerte es. „Wie können die Schmetterlinge froh sein über ihre bunten Flügel, die Schwalben über ihre schwarzen Schwingen, und die Schweinchen unten beim Bergbauern sind sogar rosarot. Nur ich habe diese langweilige weiße Farbe! Und wenn es schneit, bin ich überhaupt nicht mehr auf der Schneewiese zu erkennen! – Ich weiß etwas! Ich werde den ganzen Tag lang nur vom roten Klee, roten Steinbrech und den rosa Grasnelken fressen. Vielleicht bekomme ich dann ein rotes Fell." Und es fraß und fraß.
Am nächsten Morgen lachten die Kinder des Bergbauern es aus. „Du siehst ja aus, als ob du dich in rote Tinte gesetzt hast!" riefen sie.

> Zicklein, Zicklein, meck, meck, meck
> wie kriegst du die rote Farbe bloß weg!
> Rotes Fell – o Graus, o Graus!
> Wasch dir bloß die Farbe aus!

Das Zicklein hüpfte ganz erschrocken über die Wiese. Da sah es den blauen Rittersporn, die Stiefmütterchen und die Vergißmeinnicht. „Schnell", dachte es, „ich muß ein blaues Fell bekommen, das wird den Kindern gefallen." Es fraß und fraß. Da färbte sich das rote Fell ganz blau, und das Zicklein sprang stolz über Stock

und Stein. Die Kinder aber lachten und riefen ihm nach:

Zicklein, Zicklein, meck, meck, meck
wie kriegst du die blaue Farbe bloß weg!
Blaues Fell, o Graus, o Graus,
wasch dir bloß die Farbe aus!

„Was soll ich nur machen!" dachte das Zicklein erschrocken. Es stand am Bergbach, und die tanzenden Wellen spiegelten sein blaues Fell wieder. Wie sah das nur gräßlich aus – der blaue Bart, die blauen Ohren, die blauen Beine! – „Wie eine Zirkusziege sehe ich aus!" schluchzte das Zicklein, „wie eine Faschingsziege, nein, nein, wenn ich doch wieder ein hübsches weißes Fell kriegen könnte!"

Liebes Zicklein, steig hinein,
wir rubbeln, wir waschen dich schnell wieder rein!
1 – 2 – 3, das wirst du sehn,
bist du wieder weiß und schön!

murmelten die Wellen des Bergbachs. Da setzte das Zicklein seine Beine in das klare Bergwasser, tauchte ein paarmal tief hinunter, und wirklich – sein Fell wurde wieder weiß und glänzend, und fröhlich meckernd hüpfte es über die Wiese. Nie wieder wollte es eine andere Farbe haben.

Tierrätsel

Hast du keine Farben mehr?
Ist der Tuschkasten ganz leer?
Hol den schwarzen Filzstift her!
Und dann brauchst du gar nichts mehr.
Groß und deutlich steh ich da!
Ich schwarzgestreiftes Tier aus Afrika.

(Zebra)

Ja, mein Hals reicht hoch hinaus,
könnte langen auf dein Haus!
In die Regenrinne spucken,
daß die Spatzen ängstlich gucken.
Dort im Zoo die Kinder gaffen
freun sich über uns . . .

(Giraffen)

Frei, mein Kind, bin ich geboren,
habe schöne große Ohren,
Springe frei von Baum zu Baum,
Feinde habe ich wohl kaum.
Kann auch schlagen mit der Tatze,
kennst du wohl mich große Katze?

(Tiger)

Ach, im Winter lieb ich sehr
heißes Land am Mittelmeer.
Doch ist's Frühling dann geworden
treibt das Heimweh mich nach Norden.
Und die Kinder schrein Hurra!
„Seht – der ... ist wieder da!"

(Storch)

Auf der grünen Wiese schön
kannst du früh am Morgen sehn,
wenn am Grashalm glitzert Tau,
wahres Wunder, komm und schau!
Wirst beim Raten du gewinnen?
Ja, wir sind die flinken ...

(Spinnen)

Durch die Flügel scheint das Licht,
durchsichtig, getönt ganz zart.
Hab nicht Angst, sie sticht ja nicht,
ist von ganz besondrer Art!
Kennst du das Insekt, das schnelle!
Ja, es ist die blaue ...

(Libelle)

Dreh den großen Kopf herum!

Text: Barbara Cratzius
Melodie: Paul G. Walter

1. Dreh den gro-ßen Kopf her-um, lie-be dik-ke Kuh!
Ach, du guckst gar nicht so dumm! Muh! Muh! Muh!

2. Sabber doch nicht mit dem Maul,
liebe, dicke Kuh!
Kaust und kaust so breit und faul,
und ich schau' dir zu.

3. Jag die Fliegen alle weg,
liebe, dicke Kuh!
Mit der Zunge leck und leck
immer – immerzu.

4. Nun muh doch mal richtig laut,
liebe, dicke Kuh!
Das klingt dumpf und ganz vertraut!
Muh, muh, muh!

Rätsel-Lied

Text: Barbara Cratzius   Melodie: Paul G. Walter

1. Seht, nun sind sie wie-der da, schwarz und rot und weiß.
Aus dem fer-nen A-fri-ka. Da ist es ja so heiß.

2. Und da kommen sie gezogen
über uns im blau.
Hin und her in großem Bogen,
roter Schnabel, schau!

3. Horch, was klappert auf dem Dach?
Klipper, klapper, klapp!
Klappert aus dem Schlaf uns wach.
Klipper, klapper, klapp!

4. Wer stolziert in roten Strümpfen?
Klipper, klapper, klapp!
Wer fängt Frösche in den Sümpfen?
Schwipper, schwipper, schwapp!

5. Federn, Reisig, eins, zwei, drei,
Holz und Gras dazu,
tragen sie ganz schnell herbei,
immer, immerzu.

6. Sieben Vögel kannst du sehen,
rot und lang das Bein.
So, nun ratet bitteschön,
sagt, wer kann das nur sein?

Schwäne aus Papier

Du brauchst: 1 Bogen weißes oder graues Zeichenpapier, Schere, Klebstoff.

1. Falte das Zeichenpapier der Länge nach in der Mitte.

2. Miß und zeichne an der Faltkante einen Streifen von 1 cm und an der unteren Kante des Papiers einen Streifen von 3 cm ab.

3. Schneide das entstandene Rechteck heraus und lege es zur Seite. Du erhältst eine Form, die wie ein „L" aussieht. Falte die beiden unteren Enden etwa 2 cm um.

4. Öffne das Papier und schneide den linken unteren Streifen am gefalteten Ende von unten bis zur Mitte ein, den rechten Streifen von oben bis zur Mitte.

5. Stecke beide Streifen ineinander. So entstehen Rumpf und Schwanz des Schwanes. Schneide in den Schwanz ein paar Federn.

6. Nun wickle den langen Schwanenhals von oben nach unten fest auf einen runden Stift. So entsteht der Kopf.

7. Zum Schluß schneide aus den Papierresten zwei Flügel und einen Schnabel aus. Klebe sie an den Schwan.

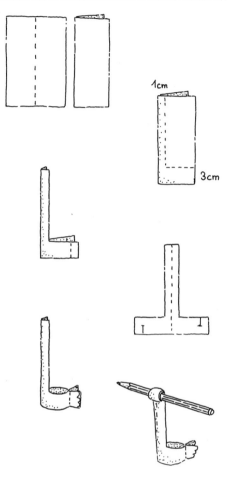

Ob ihr nun einen grauen oder weißen Schwan geklebt habt? – Lest euch das kleine Rätsel einmal durch, dann wißt ihr, ob ihr einen Jungschwan oder einen älteren Schwan gebastelt habt.

Ich habe Wasser wohl genug,
damit kann ich mich putzen.
Doch bleib ich häßlich, dunkelgrau,
das Waschen will nicht nutzen.

Doch warte nur, im nächsten Jahr,
da kennst du mich nicht wieder.
Dann glänze ich im Sonnenschein,
ganz weiß ist mein Gefieder.

(E. Scharafat)

Lied von den Tierkindern und Menschenkindern

Text: Barbara Cratzius
Melodie: Paul G. Walter

1. Morgens sind die Schmetterlinge ganz früh aufgewacht. Und dann zippeln sie, und dann zappeln sie, und dann flattern sie herum. Wide wedele, wide wedele, wide wedele, bum bum.

2. Morgens sind die Schwalbenkinder
   ganz früh aufgewacht.
   Und dann piepsen sie,
   und dann papsen sie,
   und dann schweben sie herum.
   Wide wedele ...

3. Morgens sind die Entenkinder
   ganz früh aufgewacht.
   Und dann schnittern sie,
   und dann schnattern sie,
   und dann watscheln sie herum.
   Wide wedele ...

4. Morgens sind die Katzenkinder
   ganz früh aufgewacht.
   Und dann schnurren sie,
   und dann mauzen sie,
   und dann springen sie herum.
   Wide wedele ...

5. Morgens sind die kleinen Fohlen
   ganz früh aufgewacht.
   Und dann wiehern sie,
   und dann trinken sie,
   und dann laufen sie herum.
   Wide wedele ...

6. Morgens sind die Mäusekinder
ganz früh aufgewacht.
Und dann quietschen sie,
und dann hopsen sie,
und dann huschen sie herum.
Wide wedele...

7. Morgens sind die Menschenkinder
ganz früh aufgewacht.
Und dann plappern sie,
und dann lachen sie,
und dann toben sie herum.
Wide wedele...

8. Abends schlafen alle Tiere,
alle Menschenkinder ein.
Und sie räkeln sich,
und dann gähnen sie,
und sie drehn im Traum sich um.
Wide wedele...

Und was machen die kleinen Schäfchen? Und die kleinen Hunde? Und die kleinen Bären? Den Kindern werden noch viele Strophen einfallen!

Das Lied kann auch gesprochen als Fingerspiel dargestellt werden. Bei den Schmetterlingen werden die Hände mit den Handrücken aneinander gelegt, und mit den Fingern wird „geflattert!" Bei den Schwalben werden die Finger in gleicher Weise in hohem Bogen vor dem Körper entlanggeführt. – Bei den Enten kann die Watschelbewegung mit den Kindern entwickelt werden; eine Möglichkeit wäre, Handballen und Fingerkuppen nacheinander vorwärtszuführen.
Bei den Katzenkindern und Fohlen machen die Finger kleine und große Sprünge. In der vorletzten Strophe dürften die Kinder um den Kreis herumlaufen. Das Laufen und Toben kommt dann in der letzten Strophe zur Ruhe, und das Spiel beginnt von vorne.

Was die Tiere im Sommer tun

Kannst du reimen?

Die Lerchen jubilieren,
die Fohlen... (galoppieren)

Die Lämmer draußen mähen,
die Hähne hör' ich... (krähen)

Die Amselväter singen,
Eichhörnchen seh' ich... (springen)

Die Enten lauthals schnattern,
die Schmetterlinge... (flattern)

Im Acker Hamster wühlen,
und Hasenkinder... (spielen)

Der Frosch quakt laut im Rohr,
da zieht ihn der Storch... (empor)

Die Maus huscht durchs Korn und frißt und frißt,
und alles freut sich, daß Sommer ist.

Ein bunter Schmetterling

Jeder, der mitspielen möchte, braucht einen Schmetterling. Der abgebildete Schmetterling kann fotokopiert und vergrößert werden. Wir brauchen zum Spiel Wachs- oder Filzstifte und zwei Würfel, einen Farbwürfel und einen Zahlenwürfel. Der erste Spieler würfelt mit beiden Würfeln eine Zahl und eine Farbe. Er sucht bei seinem Schmetterling ein Feld mit der gewürfelten Zahl und malt es in der gewürfelten Farbe aus. So wandern die Würfel im Kreis herum. Wenn eine Zahl gewürfelt wird, die bei dem betreffenden Schmetterling schon ausgemalt ist, muß der Würfel weiterwandern, und das Kind muß warten, bis es in der nächsten Runde wieder dran ist. Das Kind, dessen Schmetterling zuerst ganz bunt ist, ist Sieger. Am Schluß werden aber auch die anderen Schmetterlinge fertig gemalt, so daß jedes Kind sein Erfolgserlebnis hat. Die Schmetterlinge werden ausgeschnitten und mit einem Klebeband ans Fenster geklebt. Ähnlich kann man auch als Motiv einen Vogel oder Fisch nehmen. *(E. Scharafat)*

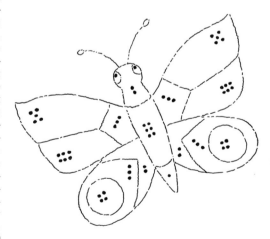

Fingerspiel

Da guckt ein langer Rüssel raus,
Ri – Ra – Rutsch.
Der Elefant, der möcht heraus,
doch hat er keinen Schlüssel.

Der Zeigefinger der rechten Hand schiebt sich zwischen Zeigefinger und Mittelfinger der linken Hand.

Da guckt ein langes Schwänzchen raus,
Schwi – Schwa – Schwänzchen.
Die Maus möcht aus der Falle raus,
sie tanzt so gern ein Tänzchen.

Bei der 2. Strophe schiebt sich der Zeigefinger zwischen Mittelfinger und Ringfinger.

Da guckt ein langes Öhrchen raus,
I – A – Öhrchen.
Der Has möcht aus dem Loch heraus,
wer öffnet ihm das Törchen?

Bei der 3. Strophe schiebt sich der Zeigefinger zwischen Mittelfinger und Ringfinger.

Da gucken Max und Liese raus,
der ganze Kindergarten.
Nun schließen wir das Türchen auf:
ihr sollt nicht länger warten.

Nun spreizen sich schnell beide Hände auseinander, die „Tür ist auf", beide Hände tanzen umeinander herum.

Hinterm hohen Haselstrauch ...

Hinterm hohen Haselstrauch am Haferfeld hocken drei Hasenkinder. Heimlich muß ich husten. Hopp, hopp – da hüpfen sie hurtig hinüber zu den Himbeerhecken – hinein und weg!

Die kleine Wespe wispert zur großen Wespe:
Weißt du, ich werd' dem Wildschwein
mal in die Waden zwicken. Wie das wetzen wird!

Zwei zahme Ziegen zockeln zwischen den Zwetschgenzweigen.

Spiel mit dem Würfel

Auf dem Feld im grünen Klee
wartet Mutter Has.
Häschen hüpf doch her geschwind
zu mir durch das grüne Gras!

Nun würfeln wir, nun würfeln wir,
kuller, kuller, kleine Hex.
Hoch und runter, rundherum,
1–2–3–4–5 und 6.

Die Kinder stellen sich hinter einem Kreidestrich auf. Die Erzieherin wartet als „Mutter Hase" etwa 20 Meter entfernt hinter einem weiteren Kreidestrich. Die „Häschen" würfeln nacheinander mit dem Schaumstoffwürfel. Je nach Würfelglück hüpfen sie einen oder mehrere Schritte vorwärts. Wer als erster den Kreidestrich erreicht hat, wird von Mutter Hase nochmal lustig umhergeschleudert, die andern entsprechend weniger.

Biene aus Erlenzapfen

Material:
Erlenzapfen
Plakafarbe gelb
Raminband oder Span
Faden

Schöne, trockene Erlenzapfen bemalt ihr mit gelber Plakafarbe. Während die Farbe trocknet, schneidet ihr aus Raminband die beiden Flügel zu, die anschließend zwischen die Zapfenschuppen geklebt werden. Sehr schön wirken sie, wenn viele von ihnen an einem Ast oder Strauß hängen!

(U. Weber)

5 Wellen tanzen auf und nieder

Kindersand	Gedicht	63
Weißt du, was ich wünsche?	Wortergänzungen	63
Fingerspiel am Wasser	Fingerspiel	64
Hafenbild zum Selbermachen und Spielen	Bastelvorschlag	65
Komm, wir spielen zusammen	Erzählung–Geschichte	66
Spiele am Strand	Spiele	68
Können Spinnen auf dem Wasser tanzen?	Erzählung–Geschichte	69
Von der Feuerqualle	Erzählung–Geschichte	69
Was bin ich?	Rätsel	70
Der kleine Fischer aus Spanien (auch als Hörspiel)	Erzählung–Geschichte	71
O Schreck – die Möwe kommt!	Fingerspiel	79
Michael mag Mücken nicht	Zungenbrecher	79
Kommt, wir bauen Schiffe aus Holz	Bastelvorschlag	80
Kannst du reimen?	Wortergänzungen	81
Wasserlied: Rolle, rille, rausche	Lied	82

Vorbemerkung: Sonne – Sand – Wasser – das sind für Kinder Assoziationen, die eng zusammengehören. Das Wasser fasziniert die Kinder von klein auf, vom ersten begeisterten Planschen in der Badewanne bis hin zur Freude beim Baden, beim Schwimmen im Meer oder in einem Bergsee.
Tonbandprotokolle spiegeln diese unmittelbare Beziehung des Kindes zum Urelement Wasser wider. Es wird aber auch deutlich, daß das Kind neben der urtümlichen Freude am Wasser auch schon die Bedrohung erlebt, die dieses Element darstellen kann:

„... Ich freu' mich schon so darauf, wenn wir in den Ferien wieder ein Floß bauen, aus alten Brettern, in dem kleinen Teich drüben beim Neubaugebiet ..."
„... vorigen Sommer, da waren wir in Formentera, da sind wir mit einem Boot in die vielen Buchten gefahren. Da hab' ich fliegende Fische gesehen ..."
„... in den Ferien fahren wir nicht weg. Da sitze ich mit meinen Freunden immer auf der Mole, und da angeln wir. Ich hab' schon einen neuen Blitzblinker bekommen ..."
„... wir schwimmen immer raus zur Badeinsel. Ich kann jetzt ja schon schwimmen ..."
„... Wir buddeln immer im Sand und machen uns ein großes Hafenbecken für unsere Schiffe ..."
„... letztes Jahr waren wir in Ibiza. Da wollte ein dicker Mann tauchen mit so einem Tauchgerät. Aber als er hochkam, war er ganz blau. Nachher ist er gestorben ..."
„... Als wir nach Helgoland fuhren, war furchtbarer Sturm. Da bin ich schrecklich seekrank geworden ..."
„... ich mag gern Watt laufen. Einmal sind wir mit meinen Eltern bis hin zu den Seebänken gewandert, ganz weit raus. Da ist die Flut gekommen. Wir mußten ganz schnell zurück. Mein Vati mußte mich tragen, überall spritzte schon das Wasser hervor ..."
„... im Sommer mach' ich mein Schwimmabzeichen ..."
„... im Allgäu hab' ich mal an einer Bergquelle aus großen Steinen einen Damm gebaut, der hat ganz lange gehalten ..."
„... einmal war es im Sommer ganz trocken. Mutti mußte jeden Tag den Garten sprengen. Sie sagte, das gibt so eine hohe Wasserrechnung. Da haben wir uns gefreut, als es endlich geregnet hat ..."
„... vorigen Sommer hat es fast nur geregnet. Wir konnten nur im Anorak raus. Meine Eltern sagten, wir fahren nicht wieder nach Tirol ..."
„... als wir am Rhein waren, hab' ich ganz viele tote Fische gesehen, das sah ganz eklig aus ..."
„... meine Mutter hat gesagt, ich darf nur Quellwasser trinken, das andere Wasser ist so schmutzig ..."

Dieses Kapitel greift das Thema Wasser – Sand – Sonne auf vielfältige Weise auf.

Kindersand

Das Schönste für Kinder ist Sand.
Ihn gibt's immer reichlich.
Er rinnt unvergleichlich
Zärtlich durch die Hand.

Weil man seine Nase behält,
Wenn man auf ihn fällt,
Ist er so weich.
Kinderfinger fühlen,
Wenn sie in ihm wühlen,
Nichts und das Himmelreich.

Denn kein Kind lacht
Über gemahlene Macht.

Joachim Ringelnatz

Weißt du, was ich wünsche?

Ich möcht' mal an einem Wunschring drehn
und ganz viel wünschen, das wäre...   (schön)

Im Sommer brennt die Sonne so heiß,
da wünsch' ich mir ganz viel Zitronen...   (-eis)

Ein Dreirad mit einem Wimpel so rot,
zum Spielen am Wasser ein Segel...   (boot)

Einen Käscher mit einem Blitzblinker dran,
eine Tauchbrille, o Mann, o...   (Mann)

Eine Schwimmente und Muscheln am Strand
und zum Burgenbauen viel warmen...   (Sand)

Und Wolkenschäfchen, die treiben geschwind,
dazu viele Fähnchen im Sommer...   (-wind)

Ein Schlauchboot mit langen Paddeln auch,
da lieg' ich als Kapitän stolz auf dem...   (Bauch)

Dann paddel ich übers weite Meer,
Wenn du ganz lieb bist, komm ich wieder...   (her)

Fingerspiel am Wasser

Alle meine Finger fein
sollen heut' mal Wellen sein.

Der erste trägt ein großes Schiff,

der zweite steuert's durch Fels und Riff.

Der dritte schaukelt's hin und her,

der vierte macht ganz glatt das Meer.

Doch der fünfte, der kleine Bösewicht,
macht Schabernack, du glaubst es nicht!
Spritzt Wasser hoch, dem Kapitän ins Gesicht,
pitsch – patsch, gibt keine Ruhe nicht.
Nun sind alle Matrosen pitsch – patsch – naß,
hei – war das ein lustiger Wasserspaß!

Hierbei können die einzelnen Finger die Wellenbewegungen nachahmen, bis zum Schluß lustig mit Wasser gespritzt wird – einzelne Finger oder alle Finger ...!

Hafenbild zum Selbermachen und Spielen

Du brauchst dazu: 4 Zeichenblätter, Tuschkasten, Pinsel, Filzstifte, Schere, Klebstoff.

1. Zuerst malst du das Wasser. Färbe zwei Zeichenblätter mit breiten, blauen Längsstreifen. Mische dazu das Blau in deinem Tuschkasten mit Grün, Rot, Schwarz oder Weiß. So erhältst du viele verschiedene Farbtöne. Während die Tuschblätter trocknen, malst du mit Filzstiften Schiffe (Segelboote, Frachter, Schlepper, Fährschiffe) auf das dritte Zeichenblatt und schneidest sie aus. Sie sollen später im Hafen fahren. Auch einen Leuchtturm fertige an!

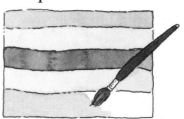

2. Schneide beide Tuschblätter in je vier Längsstreifen.

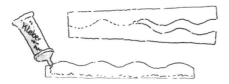

3. Damit das Wasser Wellen bekommt, reiße jeden Längsstreifen in der Mitte wellenförmig durch.
   Durch das Reißen erhalten die Wellen „Schaumkronen".

4. Streiche einen Wellenstreifen auf der Rückseite an der Schnittkante mit Klebstoff ein und klebe ihn auf das vierte Zeichenblatt. Beginne an der oberen Blattkante, so daß die „Schaumkronen" den Rand überdecken. Der zweite Wellenstreifen bedeckt dann die Schnittkante des ersten, der dritte die des zweiten und so weiter, bis das ganze Blatt mit Wellen überdeckt ist.

Zum Schluß stecke deine Schiffe in die Wellen. Du kannst dein Bild jeden Tag verändern, indem du die Schiffe umsteckst oder neue dazu malst.

(E. Scharafat)

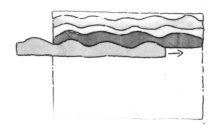

Komm, wir spielen zusammen

Mark, Olaf und Andreas sind in den Ferien mit ihren Eltern an die Ostsee gefahren. Aber leider hat es tagelang geregnet, immer wieder ziehen dunkle graue Regenwolken über das Wasser.
„Das sind ja doofe Ferien!", mault Mark. „Am liebsten würde ich morgen wieder nach Hause fahren!" Aber am nächsten Tag scheint endlich die Sonne.
Die drei Jungen sind schon frühmorgens an den Strand gelaufen und bauen einen großen Hafen am Wasser.
„Los!" ruft Mark, „hier müßt ihr noch einen langen Wasserarm buddeln, und die Fahrrinne im Hafenbecken müssen wir tiefer ausschachten für die Schiffe!"
Sie schaufeln fleißig, ohne hochzugucken. „Und jetzt müssen wir noch die Zufahrtsstraßen für die Laster bauen, breite Straßen. Ich hab' doch meinen Tankwagen und den Kieslaster im Strandkorb!" ruft Andreas.
Sie ebnen den warmen, weißen Sand und lassen die Autos hin- und herkurven.
„So, und jetzt alle Schiffe rein in den Hafen!" schreit Mark. – „Meine Fähre hat doch schon ein Leck!" ruft Olaf. „Ach, das ist nicht so schlimm, dann müssen wir eben Wasser schöpfen!" schreien die andern.
Ein paar Meter entfernt liegen zwei schwarzhaarige, braungebrannte Jungen im Sand. Es sind Rafael und Pedro aus Spanien. Rafael ist vier Jahre alt und buddelt mit seinem blauen Eimer und dem kleinen Spaten im Sand. Der große Bruder ist zwei Jahre älter. Sehnsüchtig schaut er zu den drei Jungen hinüber und robbt sich langsam, Meter für Meter, heran. Seine rote Fähre mit den weißen Beibooten zieht er neben sich durch den Sand.
Mark, Olaf und Andreas sind so in ihr Spiel vertieft, daß sie die beiden gar nicht bemerken.
„Du, meine Fähre säuft ab!" schreit Mark. „Nimm sie raus, laß bloß die Beiboote ins Wasser!" ruft Olaf. „Die

sind doch so leicht, die kippen sofort um!" Mark sieht sich hilfesuchend um.
Wenn er bloß das große alte Boot von Opa mitgenommen hätte! Das ist zwar schon ein bißchen verrostet, aber es würde bestimmt nicht so leicht umkippen!
„Hier – mein Boot gut!" hört er da hinter sich eine Stimme. Mark dreht sich um. „Was willst du denn hier? Zieh Leine! Das ist unsere Burg!" ruft Andreas.
„Hier – Boot gut!" sagt Pedro noch einmal leise. „Schaufel von Rafael gut!"
„Alles gut, gut!" grinst Olaf. „Lern du erst mal besser Deutsch!"
„Na, gib schon her!" ruft Mark.
„Du, deine Fähre ist wirklich gut! Die schwimmt ja Klasse!" schreit Andreas.

Da – eine große Welle schlägt in das Hafenbecken. Die Fähre ist nicht umgekippt, aber die Kaimauern sind zerschlagen und überspült.
„Ich Sand holen!" ruft Pedro und schaufelt wie wild einen großen neuen Wall auf.
Der kleine Rafael schleppt unermüdlich neuen Sand in seinem Eimer herbei. Dann übergießt er den Wall vorsichtig mit Wasser, damit er richtig fest wird.
Die Jungen sind ganz vertieft in die Arbeit. Sie müssen sich mächtig anstrengen, denn immer wieder fährt draußen ein Frachter oder ein Hafendampfer vorbei. Dann schlagen hohe Wellen an das Ufer.
„Pedro, Rafael! A la cama!" ruft eine Stimme von der Strandpromenade her. Eine dunkelhaarige Frau mit einem kleinen Mädchen an der Hand schiebt einen alten Kinderwagen durch den Sand. „Ihr gut spielen?" fragt sie und blickt die Jungen freundlich an.
„Ihr gut Deutsch sprechen mit Rafael und Pedro! Kinder gern spielen mit Sand. In Malaga viel Sonne, viel Sand, Wasser warm! Hier in Deutschland viel kalt! Morgen wieder spielen?"
„Ja!" rufen die drei Jungen. „Morgen bauen wir noch einen Flugplatz für Hubschrauber neben dem Hafen!"

Spiele am Strand

Wir finden die Spur

Unten am Wasser, besonders bei Ebbe, ist der Sand schön glatt und feucht. Da könnt ihr von Händen und Füßen und vielen verschiedenen Gegenständen deutliche Abdrucke in den Sand drücken (Knöpfe, Schlüssel, Taucherbrille, Badekappe, Schaufel, Ringe ...).
Ihr zählt aus, wer zuerst die Gegenstände wiedererkennen muß.

Knopf und Hand, was ist das nur?
Sag mir, findest du die Spur?

Frische Fische

Etwa 10 m von einer Grundlinie entfernt wird ein Kreis gezogen. Darin steht der „Eisbär". Die übrigen Kinder laufen dicht an ihn heran und fragen: „Was ißt du am liebsten?" Der „Eisbär" nennt zunächst beliebige Lieblingsspeisen: Pudding, Chips ... Wenn er ruft: „Frische Fische", müssen die Kinder Reißaus nehmen und hinter die Grundlinie flüchten. Wer abgeschlagen worden ist, wird selbst zum „Eisbär".

Wer trifft am besten?

Am Strand findet ihr bestimmt viele kleine Steine in großer Menge. Damit könnt ihr eine Art Boccia spielen. Ihr grabt euch in den Sand mehrere Mulden, eine größere und mehrere kleine. Dann stellt ihr euch in einiger Entfernung auf und versucht, in die Mulden zu treffen. Wer in die größte Mulde trifft, erhält 5 Punkte, dann abgestuft 4, 3, 2, 1 Punkt. Die Erzieherin notiert die Punkte in den verschiedenen Durchgängen. Der Sieger bekommt ein Saft oder ein Eis.

Wer kann am besten balancieren?

Bei einem Picknick am Strand bleiben oft Pappteller und Pappbecher übrig. Ihr könnt sie gut zu einem Balance-Spiel verwenden.
Grenzt zunächst eine Balancier-Strecke ab. Dann kann der Wettkampf mit verschiedenen Schwierigkeitsgraden beginnen.

1. Der leere Becher wird auf dem Handrücken oder Kopf balanciert.
2. Der mit Wasser gefüllte Becher wird auf dem Handrücken oder Kopf balanciert.
3. Der Pappteller wird auf dem Kopf balanciert und der Becher auf der Handinnenfläche getragen.

Ihr könnt euch noch viele Spiel-Varianten ausdenken.

Wer bringt zuerst ...

Dieses Spiel könnt ihr gut am Strand, im Wald, auf der Wiese spielen ... Die Erzieherin stellt verschiedene Aufgaben: Wer bringt zuerst 3 Vogelfedern, 3 faustgroße Steine, 5 Muscheln, 3 Tannenzapfen, 5 Birkenblätter ... Dabei könnt ihr sicher viele Schätze in der Natur entdecken.

Können Spinnen auf dem Wasser tanzen?

Am Nachmittag gehen Michael und Karen an den Bach. Michael sucht sich kleine Kieselsteine und wirft sie flach übers Wasser. Er freut sich, wenn sie drei- oder viermal über die Wasserfläche hüpfen. Karen hat sich ein Stück weiter an den Bachrand gesetzt und hält ihren Käscher ins Wasser. „Vielleicht fang' ich ein paar Kaulquappen!" meint sie. Auf einmal ruft sie: „Michael, komm mal her, da läuft eine Spinne übers Wasser! Und sie geht nicht unter! Als ob das Wasser eine richtige Brücke ist!"
„Du, mein großer Bruder hat mir das erklärt," sagt Michael ganz stolz. „Ich weiß, wie das kommt. Das Wasser hat so eine Art Haut. Und manche kleinen Tiere sind so leicht, daß sie einfach über dieser Wasserhaut hinwegspazieren können!" „Toll", sagt Karen, „das möchte ich auch mal können!"

Von der Feuerqualle

Michael ist mit den anderen Kindern ein Stück ins Wasser hinausgegangen. Auf einmal schreit er auf. „O, das brennt ja wie Feuer!" ruft er. Seine Hand und sein Knie sind ganz rot. Die Erzieherin ruft erschrocken: „Da schwimmt ja eine Feuerqualle! Schnell, lauft alle an den Strand zurück!"
Sie holt für Michael eine Salbe und Puder aus der Tasche. „Warum tut das bloß so weh", jammert Michael. „Die Feuerqualle hat lange kleine Fäden um sich herum", erklärt die Erzieherin. „Das sind Fangarme, aus denen sie Gift spritzt. Sie kann hinter ihrer Beute nicht herjagen. Darum spritzt sie ihr Gift an die Tiere, die an ihr vorbeischwimmen. Das Gift lähmt die Tiere, und sie kann die Beute ergreifen." – „Na, wie gut, daß sie mich nicht erwischt hat", sagt Michael und kann schon wieder ein bißchen lachen.

RÄTSEL

Was bin ich?

Bin ein Stern – doch leucht' ich nicht,
sehr gering ist mein Gewicht.

Kann nur langsam mich bewegen,
vorsichtig die Füße regen.

Nein, zum Laufen sie nicht taugen,
denn sie können besser *saugen*.

Ich strahl' nicht vom Himmel her,
sondern lebe tief im Meer.

Fresse Muscheln und auch Schnecken,
o – wie lecker die mir schmecken!

Doch ich bin ein armer Wicht –
Zähne hab ich leider nicht!

Laß mich in der Sonn' nicht braten!
Hast du richtig jetzt geraten?   (Seestern)

Ich treib' hin und treibe her,
leicht und schwebend, tief im Meer.

Rot getönt und grün und blau,
zart ist auch mein Körperbau.

Wie aus Glas bin ich so hell,
ohne Beine schwimm ich schnell.

Fürchte dich doch nicht vor mir,
denn ich tu nichts Böses dir!

Aber meine roten Brüder
stechen, brennen immer wieder!

Schwimm' schnell fort aus ihrer Näh,
ihre Arme tun sehr weh!

Denn ich bin in diesem Falle
eine böse ...! (Feuerqualle)

Der kleine Fischer aus Spanien

Michael und Kai sind ganz früh in den Kindergarten gegangen. „Heute soll es doch eine Überraschung geben!" freut sich Michael. „Falten wir wieder so schöne Papierschiffe? Ist das die Überraschung?" fragt Kai. „Ich möchte am liebsten eine bunte Flotte haben! Den ganzen Tisch voll!"
„Wartet's nur ab!" lacht die Erzieherin. Da kommt auch Petra angelaufen. „Meine kleine Schwester hat sich so über die hübschen Schiffe gefreut!" sagt sie. „Sie hat sogar selbst eins gefaltet!"
Da tritt Ricardo an den Tisch. Er ist noch nicht lange in Deutschland, er kommt aus Spanien. „Schiffe aus Papier nicht gut!" sagt er. „Schiffe immer schnell voll Wasser!"
„Das sagst du bloß, weil du nicht richtig falten kannst!" ruft Michael. „Deine Schiffe sehen ganz schief und krumm aus!"
„Laßt doch das Streiten!" ruft die Erzieherin.
Ricardo holt ein Stück Holz aus der Tasche. „Schiff aus Holz besser!" sagt er. „Schiff kann schwimmen! Mein Vater Loch bohren, ich Mast sägen, Mast fest!" Die andern Kinder kommen näher. „Du, das ist wirklich ein tolles Schiff!" sagt Petra. „Und das kann richtig schwimmen?"
„Setz es doch mal in die Wanne!" ruft Kai. Die andern Kinder stehen bewundernd um das kleine Holzschiff herum. „Bei Sturm geht's bestimmt unter!" lacht Michael und pustet und pustet. Aber das kleine Schiff se-

Diese „sommerliche Fischergeschichte" eignet sich gut dazu, Ausländerkinder in eine Kindergruppe zu integrieren. Das anschließende Hörspiel kann von einer Mitarbeiter- oder Elterngruppe für Kinder erarbeitet werden. Durch ein geschickt eingespieltes Hörspiel werden die Vorstellungskräfte der Kinder weit stärker motiviert als beim Fernsehen; der optische Verlauf muß beim Zuschauer nachvollzogen werden. Nach meinen Erfahrungen entwickeln sich nach einem Hörspiel furchtbare Gespräche innerhalb der Kindergruppe.

gelt ganz sicher über das Wasser. „Du, ich bau' mir auch so ein Schiff!" sagt Kai. „Hilfst du mir, das Holz zurechtzuschmirgeln?"
„Aber nicht an meinem Tisch!" ruft Michael böse.
„Hau ab, Ricardo, ich säg' hier lieber alleine!"
„Es ist doch für alle Platz!" sagt die Erzieherin freundlich.
„Die Masten sind zu lang!" meint Ricardo zu Kai, „Schiff kippt um!"
„Du weißt immer alles besser!" sagt Michael böse.
„Kinder, zankt euch nicht", ruft die Erzieherin, „guckt lieber aus dem Fenster! Ich glaub, da kommt endlich die große Überraschung!"
Wum, rums, wum, bum – ein großes Kranauto biegt um die Ecke. Es zieht auf einem langgestreckten Eisengestell ein altes Fischerboot hinter sich her. „Ach, dafür haben die Männer gestern die große Grube ausgehoben!" ruft Kai.
„Das soll euer schönes neues Spielschiff werden!" lacht die Erzieherin. „Der Bürgermeister hat es sogar frisch anmalen lassen für euch!"
Bewundernd stehen die Kinder um das Schiff herum.
„Das hat ja richtige Ruderbänke und einen Anker und einen hohen Mast!" ruft Petra.
Mittags haben die Männer das Schiff fest eingeschaufelt. „Ich bin der Kapitän," schreit Michael und klettert als erster hinauf. „Ich geh ans Steuerrad! Los, kommt her, Netze auswerfen!"
Die Kinder klettern begeistert in das Schiff hinein. Nur Ricardo steht zögernd abseits am Sandkasten. „Willst du nicht auch mit aufs Schiff kommen?" fragt die Erzieherin. „Ach, der kann ja nicht klettern!" lacht Michael höhnisch. „Bleib bloß, wo du bist!"
„Ich helf' dir heraus!" sagt Petra und streckt ihre Hand aus. „Ich alles allein machen!" ruft Ricardo. Mit einem Satz schwingt er sich über die Planken. Prüfend schaut er zum Mast hoch. Geschickt klettert er empor und bindet oben das Segel fester, „Du kannst ja toll klet-

tern!" rufen die Kinder und klatschen Beifall. „Aber schwimmen kann der bestimmt nicht!" meint Michael herablassend.
„Ich tauche ganz tief nach Muscheln! Ich morgen Muscheln mitbringen! Und lange Angel und große Netze aus Spanien! Ich viele Fische fangen im großen Meer!"
„Toll!" sagt Kai, „dann spielen wir morgen richtig Fischer hier im Boot!" „Wir fahren weit aufs Meer hinaus!" ruft Petra. „Oja, dann fahr ich auch mit!" sagt Michael. „Bestellt bei Petrus nur gutes Wetter für die große Seefahrt!" lacht die Erzieherin.

Der kleine Fischer aus Spanien
(Hörspiel)

Personen:

Erzieherin	ausgleichend.
Kai (4)	etwas ängstlich, kann vielleicht etwas lispeln oder stottern, sucht Anlehnung bei Ricardo.
Petra (5)	steht Ricardo wohlwollend gegenüber, will ihn in die Spielgemeinschaft einbeziehen, ausgleichend.
Michael (6)	zunächst sehr ablehnend, will nicht mit Ricardo spielen, ist der Stärkste, der bisherige Anführer der Gruppe, will sich seine Führerrolle nicht streitig machen lassen.
Ricardo (7)	älter als die anderen, ungeschickt im Basteln, aber lebenstüchtig, hat in Spanien tüchtig beim Fischen und Verkaufen mitgeholfen. Versucht mit allen Mitteln (Geschenke), in die Spielgemeinschaft aufgenommen zu werden.

Ricardo, ein Neuer aus Spanien, ist noch nicht in die Gruppe integriert. Zum Geburtstag von Michael ist er nicht eingeladen worden.
Er kommt morgens etwas ängstlich in den Kindergarten, weil er durch das ungewohnt laute Baggergeräusch erschreckt worden ist.
Sein selbstgebasteltes Holzboot erregt einerseits Interesse und Bewunderung (bei Petra und Kai), andererseits Neid (bei Michael).
Die Kinder beschließen, selbst Holzschiffe aus Holzresten zu bauen.
Ricardo, der Erfahrung mit Segelschiffen hat, rät Michael, den Mast zu kürzen. Michael wehrt ab.
Als die Kinder die Schiffe schwimmen lassen, kippt Michaels Schiff um.
Seine Führerrolle gerät in Gefahr, die Aggressionen gegen Ricardo steigern sich.
Die Kinder entdecken, daß Steine „gut für den Fischfang" sind und wollen neue Steine aus dem Garten holen. Dabei entdecken sie das große

HÖRSPIEL

Loch, dessen Funktion die Erzieherin nicht verrät, um die Spannung zu erhöhen.
Ricardo erfindet ein „Fischfangspiel", indem er einen Tisch zum Fischerboot umfunktioniert und die alten Gardinen als Fischernetze benutzt. Nach dem „Fischfang" spielen sie Fische verkaufen. Ricardo spielt dabei Begebenheiten vom Fischmarkt seiner Heimat vor.
Als er sehr energisch dem Michael einen Fisch aufdrängen will, kommt es wieder zum Streit.
Die Erzieherin will eingreifen; da lenkt das heranrollende Kranauto die Kinder ab. Sie ergreifen jubelnd Besitz von „ihrem Schiff".
Nur Ricardo, der brennend gern mitgespielt hätte, steht noch abseits, weil er die Ablehnung der anderen Kinder spürt.
Petra, die schon mehrmals eingelenkt hat, ermuntert Ricardo, mit auf das Schiff zu kommen. Aber Michael möchte Ricardo am liebsten vom Spiel ausschließen und verhöhnt ihn.
Wegen seiner Geschicklichkeit beim Erklettern des Mastes erregt Ricardo die Bewunderung von Kai und Petra. Nur Michael möchte die Leistung von Ricardo herunterspielen, indem er ihm die Fähigkeit zum Schwimmen aberkennt.
Ricardo beteuert, schwimmen und tauchen zu können und schenkt den Kindern Seesterne und Muscheln.
Petra und Kai sind begeistert, und auch Michael läßt sich von den Spielideen des Ricardo anstecken, als dieser verspricht, Segel für das Fischerboot zu besorgen. So finden sie im gemeinsamen Spiel schließlich zueinander.
Ich könnte mir denken, daß diese Szenen die Kinder zu eigenem Spiel motivieren, z. B. aus Holzresten, Kästen, Stühlen, Tischen, Schiffe zu bauen und damit zu spielen.

1. Szene

Regie — Lautes Stimmengewirr. Kinder kommen morgens in den Kindergarten, erzählen durcheinander vom Kindergeburtstag, von Match-Box-Autos, von Playmobilfiguren. Michael hat Geburtstag gehabt, ist ganz stolz, was er alles erlebt hat. Die meisten Kinder, auch Kai und Petra, waren eingeladen. In das Stimmengewirr, das langsam ausblendet:

Michael — Und dann hab' ich noch eine Fähre bekommen mit kleinen Beibooten drauf! Die will ich morgen auf dem See (hier die lokale Möglichkeit einsetzen, z. B. Bodensee) schwimmen lassen!

Kai — O ja, darf ich mit, Michael?

Michael — (von oben herab) Na ja, wenn du auch ein Boot mitbringst!

Regie — (Als Nebengeräusch, immer lauter werdend, von draußen ein großer Bagger, Stimmen übertönend.)

Erzieherin — Ich will die Fenster zumachen, ich kann euch ja gar nicht mehr verstehen!

Regie — (Fenster klappt zu, Baggergeräusch nur noch gedämpft) Tür wird aufgerissen, zugeschlagen, Schritte, Ricardo kommt hereingestürzt. Keucht vom schnellen Laufen.

Kai — Guckt mal, Ricardo kommt!

Michael — (überlegen) Wie der gelaufen ist! Na, du hast bestimmt Angst vor dem Bagger gehabt, was?

Petra — (begütigend) Laß ihn doch, in Spanien gibt's vielleicht nicht so große Bagger!

Ricardo — Nein, ich kennen nur Motor von Fischerboot von mein Vater. Macht nicht soviel Krach!

Petra — Was hast du denn da in der Hand?

Ricardo — Ich auf Straße groß Holzstück gefunden. Ich Schiff bauen!

Michael — Glaub ich nicht, das kriegst du nie allein fertig!

Ricardo — Mein Vater mir Segel machen, ich Mast sägen, Loch bohren, Mast fest.

Kai — (bewundernd) Das Schiff hat ja drei Masten!

Petra — Toll! Hast du die Segel mit Tusche bunt gemalt?

Ricardo — Ja, mit ganz viel Tusche und Filzstifte!

Michael — (angeberisch) Hach – ich bau' mir auch so ein Schiff! Da liegen ja so viele Holzstücke! Da in der Ecke!

Erzieherin	Fein Kinder, sucht euch alle ein Stück Holz, hier habt ihr Schmirgelpapier. Damit wollen wir das Holz erst mal schön glatt schmirgeln.
Ricardo	(freudig) Ich bau' mir auch noch mal ein neues Schiff, noch ein bißchen größer!
Michael	(böse) Du, hau ab, hier an unserm Tisch ist aber nicht genug Platz, außerdem ist das Schmirgelpapier gleich alle.
Petra	(begütigend) Komm doch zu uns rüber, Ricardo. Du kannst mal mein Schiff festhalten! Ich säge vorn das Holz ein bißchen glatt, dann kann es besser schwimmen.
Regie	Sägegeräusche, Geräusche von Schmirgelpapier, Hämmern, Klopfen usw.
Michael	Ich bohr' jetzt ein Loch für den Mast (Bohrgeräusch).
Erzieherin	Vorsichtig, Michael, ich halt' dein Schiff fest!
Michael	So, jetzt hau' ich noch einen Nagel rein! (Hämmern) Nun sitzt er fest.
Ricardo	(prüfend) Du – dein Mast ist zu lang, das Schiff kippt um!
Michael	Quatsch, mein Schiff **soll** so einen schönen langen Mast haben! Das sieht prima aus so lang!
Ricardo	(hartnäckig und bestimmt) Ich dir sagen, der kippt um!
Erzieherin	(begütigend) Wir können das ja mal ausprobieren! Laßt Wasser ins Waschbecken! Dann setzen wir das Schiff von Michael rein. Wollen doch mal sehen, ob es schwimmt!
Regie	(Plätschergeräusche des einlaufenden Wassers)
Kinder	(durcheinander) O ja – prima! Meins soll auch schwimmen!
Michael	So – jetzt setz' ich mein Schiff rein!
Regie	(Geräusche des umkippenden Schiffes.)
Petra	Siehst du, Michael, dein Schiff kippt um!
Erzieherin	(tröstend) Säg doch den Mast oben ein bißchen ab, dann kann dein Schiff bestimmt schwimmen, Michael.
Kai	(freudig) Guck mal, Ricardo, meins schwimmt ganz schön! Tut, tut, jetzt kommt mein Schiff!
Ricardo	Gut, Kai, du prima Schiff machen!
Petra	(begeistert und stolz) Guckt mal, meins kann auch richtig schwimmen! Das kippt nicht um!
Ricardo	Wart mal, Petra, dein Schiff so schön breit! Probieren, ob es auch was tragen kann! Ich hab' Steine in Tasche!
Regie	(Geräusch von Steinen)
Petra	(ängstlich) Die leg' ich jetzt drauf! Paß auf, nicht so viele Steine!
Regie	(Geräusch des umschlagenden Schiffes, Glucksen der plumpsenden Steine)
Petra	(traurig) Schade, nun ist es umgekippt!
Ricardo	Guck mal, alle Steine da auf Grund! Die angeln wir raus!
Regie	(Geräusche von plätscherndem Wasser, bewegt von Kinderhänden)
Michael	(zögernd) Ja, gut, das sind Fische! Ich hab' auch einen Fisch!
Petra	Ich hab' auch einen!
Kai	Ich hab' zwei Fische, einen schwarzen und einen gelben.
Ricardo	Wir holen noch mehr Steine! Los – aus dem Garten – wir holen Steine!

2. Szene

Regie	(Schlagen von Türen, Rennen, Laufen – Überblenden im Freien, lautes Baggergeräusch, das allmählich leiser wird und aufhört, langsames „Ausblubbern" des Motors.)
Michael	(erstaunt) O, der Bagger hat aber ein tiefes Loch gegraben!
Kai	Wollen die ein neues Haus bauen?
Petra	Als mein Vater unsern Keller gebaut hat, hat er auch so ein tiefes Loch ausgegraben.
Regie	(Männerstimmen durcheinander, dazwischen Spatengeräusche, Geräusche von fallender Erde und kollernden Steinen, Keuchen.

HÖRSPIEL

	1. Stimme: Da – noch 1 m tiefer graben! Der Baumstumpf muß noch raus!
	2. Stimme: Hier etwas zuschütten!
	3. Stimme: Da – die Steine müssen noch raus!
	(wieder Steine kollern)
Ricardo	Da – kommt, wir sammeln die Steine auf! Hier lange Wurzeln und Äste! Ich alles nehmen! (Geräusche von Steinen und scharrenden Ästen)
Michael	(höhnisch) Du schleppst noch den ganzen Garten mit!
Petra	Frau Müller, was soll denn das Loch?
Erzieherin	(Spannung erzeugend) Abwarten, das gibt heut noch 'ne ganz große Überraschung! Nein, ein Haus soll das nicht werden! Ich verrat' noch nichts! Guckt mal, wie fleißig die Männer buddeln! Wollen wir nicht das Handwerkerlied singen?
Kinder	O Ja!
Regie	(Erzieherin fängt an, allmählich fallen die Kinder ein: Wer will fleißige Handwerker sehn)
Ricardo	(bestimmt) So, ich geh' jetzt wieder Fische angeln!

3. Szene

Regie	(Überblenden in Innenraum, Füßegetrampel, Türenschlagen
Ricardo	So, ich jetzt ein ganz großes Boot bauen! Da alle Fische reinpassen! Petra, faß mal Tisch an! (Geräusche: Tisch schieben)
Michael	Was willst du denn mit dem Tisch?
Ricardo	Tisch ist mein Boot! (Er klettert hoch, Geräusche) Jetzt ich oben auf Boot! Wer kommt auch rauf?
Petra, Kai	Ich, ich. Wart, ich komm!
Regie	(Geräusche, wie die Kinder hochklettern)
Michael	(ablehnend) Ihr mit eurem blöden Boot! Das ist doch ein Tisch! Und der wackelt auch noch!
Ricardo	(ohne sich irritieren zu lassen) Frau Müller, hol du mal Gardinen aus Spielkiste, gut für Netze.
Regie	(Schritte, Deckel von der Kiste fällt knarrend herunter, Knistern von Gardinen)
Erzieherin	(freundlich) Hier hast du deine Netze, Ricardo!
Regie	(Steine kullern)
Petra	Guck mal, da ist schon ein schwarzer Fisch im Netz!
Regie	(Erneutes Steinekullern)
Kai	Und noch ein gelber!
Ricardo	Und jetzt, ganz dunkel! Wir bei Nacht fischen!
Kai	Hu, hu, alles dunkel, hu, hu!
Petra	Ich mach' das Licht im Boot an!
Kai	Gut – ganz schön hell!
Ricardo	Gut, hinten im Schiff auch noch ein Licht!
Regie	(wieder Steinegeräusche)
Kai	Da ist ja ein kleiner Fisch im Netz!
Ricardo	Das ist so ein kleiner, das ist eine Sardine! Kleiner Hering, da noch mehr, viele Sardinen!
Regie	(Scharren von Wurzeln und Ästen)
Michael	(halb belustigt, steht noch abwartend dem Spiel gegenüber) Was willst du denn mit den langen Wurzeln da?
Ricardo	Das sind lange Arme von Tintenfisch! Tintenfisch sehr gut! Schmeckt prima!
Petra	Warum heißt der denn Tintenfisch? Ist da Tinte drin?
Ricardo	Sieht aus wie viele blaue Tinte! Wenn Angst, Tintenfisch läßt viele blaue Tinte hinten raus. Kann man ihn nicht mehr sehen!
Michael	(jetzt endlich überzeugt vom Spiel) Du, das ist ein gutes Spiel! Jetzt habt ihr genug Fische! Ein ganzes Netz voll! Wartet mal, ich komm auch rauf!
Regie	(Geräusch des Hochkletterns)
Erzieherin	So – jetzt macht ihr alle zusammen eine schöne Segelfahrt! (fängt an zu singen, Kinder fallen allmählich ein: War einst ein kleines Segelschiffchen.)

Ricardo	Jetzt alle Netze voll. Anfassen (Keuchen). Los, wir gehen an Land.
Regie	(Herunterspringen vom Tisch)
Ricardo	Jetzt Fische tragen zum Markt! Verkaufen!
Petra	Kann ich auch Fische verkaufen?
Ricardo	Hol Waage her!
Erzieherin zu Petra	Ja, Petra, du darfst die Waage aus der Küche holen! Aber sei vorsichtig!
Michael	Hier sind die Gewichte! (Geräusche von Eisengewichten)
Ricardo	(laut, anpreisend) Fische, frische Fische! Was Sie wünschen? Sardinen, große Thunfisch, schöne frische Muscheln! Alles gut, alles frisch! Gut für Fischsuppe!
Kai	Fischsuppe? Hab' ich nie gegessen!
Ricardo	Ist ganz prima! Mit Knoblauch und Muscheln und Öl und Tomaten und viele, viele Fisch!
Michael	Ich möchte 1 kg Tintenfisch!
Ricardo	Bitte sehr, der Herr!
Petra	Ich möchte ein Pfund Muscheln! Von den schwarzen da!
Ricardo	Bitte sehr, die Frau!
Petra	Du, dein Fischspiel ist wirklich gut, Ricardo!
Kai	Die Fische haben so lange Schwänze und Flossen! Kannst du die sauber machen?
Ricardo	Ich alles machen! Schere her! Messer her! (kratzendes Geräusch am Stein)
Petra	Wie der das gut kann!
Ricardo	Alles sauber, macht 3 Mark zusammen! Und noch ein kleiner Fisch für deine Katze! Hier!
Michael	(abwehrend) Wir haben doch gar keine Katze zu Haus!
Ricardo	(fast zornig, aufdrängend) Du – nehmen! Ich dir geben!
Michael	Nein, wir haben keine Katze! Laß mich in Ruhe! Ich will den kleinen Stein nicht haben! Und überhaupt – ich hab' genug von deinem blöden Spiel!
Ricardo	(noch zorniger) Du weiterspielen! (sie streiten miteinander)
Erzieherin	Kinder, was zankt ihr euch denn? Eben war doch noch alles in Ordnung! (Motorengeräusch draußen)
Erzieherin	So, Kinder, nun laßt das Streiten! Guckt lieber aus dem Fenster!
Regie	(Fenster wird aufgemacht) (Geräusch eines Kranautos)
Michael	Mensch, da ist ja ein großes Kranauto!
Kai	Und da drauf ist ein großes Segelboot!
Petra	Das fährt ja über die Spielwiese zu dem großen Loch da hinten, wo die Männer gebuddelt haben!
Michael	Mensch! Doll! Jetzt wird der Kran ausgefahren! Frau Müller! Soll das ein Fischerboot sein?
Erzieherin	Ja, denkt mal, das war wirklich mal ein altes Fischerboot. Damit haben die Leute früher auf dem See Fische gefangen. Zum Rausfahren auf das Wasser ist es schon zu alt; es ist überall schon ein bißchen kaputt. Aber zum Spielen ist es doch prima! Das hat uns ein Vater als Spielboot für den Kindergarten geschenkt!
Michael	Toll – dürfen wir jetzt raus?
Erzieherin	Ja, aber noch nicht aufs Schiff, die Männer müssen erst ganz fertig sein mit dem Zuschippen!

4. Szene

Regie	(Draußen im Freien Getrampel, Geräusche der Männerstimmen: „Da – noch einen Meter weiter rechts!" „Vorsichtig – gegendrücken!" „Vorn weiter nach links halten!" „Grade, grade!" „Jetzt runterlassen! Zuschaufeln!" Geräusche von fallender Erde)
Erzieherin	So, Kinder, ich glaube, das Schiff sitzt jetzt fest! Los, wer ist erster?

Michael, Kai, Petra	(durcheinander): Ich – ich – ich – (Schrittegetrampel)		ste Ecke von Felsen. Da, wo alle Boote anlegen! Wo ganz tief ist!
Michael	(von oben) Da sind ja richtige Ruderbänke!	Michael	(ungläubig) Wo das ganz tief ist? Wo du keinen Grund mehr hast? Ich
Petra	Und eine Kajüte mit einem Fenster!		glaube, du gibst bloß an!
Kai	Und hier ein richtiges Steuer! Ich versuch' mal, ob ich es drehen kann! (Knirschendes Geräusch)	Ricardo	Nein, wirklich! Und tauchen kann ich auch! Ganz tief! Nach große Muscheln! Ich sehr schöne Muscheln
Michael	Und hier ist auch ein kleines Beiboot!	Petra	hier in Tasche! O – die sind ja toll! Ganz rosa sind
Kai	Und hier ist die Ankerkette! Ich laß' mal den Anker runter! (Rasselndes Eisengeräusch)	Ricardo	die! Willst du haben? Wart, ich rutsch runter! (Geräusch des Runterrut-
Petra	Paß auf, du machst noch mein Kleid schmutzig!		schens) Ich dir schenken! Ich noch mehr im Haus! Hier, Kai, hier hast
Erzieherin	Na, Ricardo, willst du nicht mit aufs Schiff? Komm, ich helfe dir hoch!	Petra	du auch eine! O danke, die ist ja hübsch!
Ricardo	Die andern mich nicht wollen! Immer sagen, ich mach' Streit! Ich lieber nicht auf Schiff gehen!	Kai	Die sieht ja toll aus! Wenn man die ans Ohr hält, dann rauscht es richtig drinnen!
Erzieherin	Aber du möchtest doch so gern!	Ricardo	Ich dir auch Seestern mitbringen, Michael!
Petra	Komm doch hoch, Ricardo! Du kannst ja die Ankerkette mal runterlassen. Kai macht mich nur schmutzig!		Morgen schöne große Seestern! Und Kai und Petra auch! Ich morgen wieder mitspielen mit euch im Fischerboot?
Michael	Ach, ob Ricardo überhaupt hochklettern kann? Der hat doch wieder so eine lange Jacke an! Die sieht sowieso blöd aus!	Petra Kai Ricardo	Na klar, Ricardo! Prima, du hast wirklich gute Ideen! Und dann ich morgen große Segel aus Spielkiste holen!
Ricardo	Ich Jacke ausziehen! Ich schnell ins Schiff! (Geräusch des Kletterns)		Richtig Segel ich machen! Oben am Mast!
Petra	Mensch, du kannst ja toll klettern!	Michael	(Jetzt auch Michael begeistert)
Ricardo	Ich noch viel höher klettern!		Na gut, Ricardo, dann machen wir
Michael	Auf den Mast? Da kommst du niemals hoch! Der ist viel zu hoch!		eine richtige Segelfahrt! Richtig echt auf dem See. Wir ziehen die Segel hoch!
Ricardo	Wart mal, ich bin gleich oben! (Pusten, Holzknarren)	Erzieherin	Bestellt euch mal bei Petrus schönen Wind für eure Segelfahrt! So,
Petra	Prima – der sitzt wirklich oben! Gut, Ricardo! (Beifallklatschen)		jetzt pustet mal schönen Wind (Geräusche: Kinder pusten, geht allmählich in Wind über) „Festhalten!
Kai	Klettern kannst du ja wirklich toll!		Gute Fahrt! Leinen los!"
Michael	(abwartend) Kannst du etwa auch schwimmen? Hast du schon dein Freischwimmer oder Seepferdchen?	Alle	(durcheinander) O ja, toll – prima ... (langsam ausblenden) Klasse ... Komm, nach Backbord! Anker los! Ruder rumdrehen usw.
Ricardo	(der die Bedeutung von „Seepferdchen" nicht kennt) Pferdchen hab' ich nicht. Aber schwimmen kann ich von unserm Haus bis an hinter-	Erzieherin	(stimmt an, die Kinder fallen ein) Ein kleiner Matrose segelt um die Welt ...

O Schreck – die Möwe kommt!

Ein Fischlein, das schwimmt plum – plum – plum
im tiefen, tiefen Meer herum.
Es hüpft ganz schnell,
die Schuppen glänzen hell.
Die Flossen schlagen hin und her,
dem Fischlein, dem gefällt das sehr.
Da zieht übers Meer ganz leise
eine Möwe her ihre Kreise.
Ihr Schnabel ist scharf, o weh, o weh!
Die Möwe kommt in deine Näh.
O Schreck, o Schreck!
Schwimm weg, schwimm weg!

Die Finger werden aneinander gelegt und „schwimmen" schlängelnd hin und her. Ein Kind kreist mit den Fingern als Möwe über den kleinen Fischlein. Bei „o Schreck" schießt sie herunter und versucht, einen Fisch zu erjagen. Die „Fische" schwingen ihre Hände schnell auf den Rücken. Das „Fischkind", das von der Möwe erwischt worden ist, spielt nun die Möwe.

Michael mag Mücken nicht

Michael mag am Meer mit Muscheln und Murmeln spielen.

Am Strand sucht Sabine nach Steinen im Sand.

Susi spielt am See in der Sonne mit dem Segelboot.

Der Schwan schwimmt schnell auf die Schaufel und auf das Schiff von Stefan zu.

BASTELVORSCHLAG

Kommt, wir bauen Schiffe aus Holz

Du brauchst:

1 Holzbrett: 20 cm lang
10 cm breit
2 cm dick
2 Rundhölzer: ∅ 1 cm
1 × 20 cm lang
1 × 15 cm lang
Holzabfälle
kleine Nägel
Band und Stoffreste
Leim

1. Säge das Brett zu einem Schiffsrumpf zurecht.

2. Bohre zwei Löcher für die Maschen in das Brett und leime die Rundhölzer ein. Vorn am Bug der lange Mast, hinten der kurze.

3. Schlage kleine Nägel als Reling in den Schiffsrumpf.

4. Setze mit Leim kleine Holzreste als Kajüte auf dein Schiff.
Achte darauf, daß die Aufbauten nicht zu schwer werden.
Der Schiffsrumpf muß überall gleichmäßig belastet werden, damit das Schiff nicht kentert.
Probiere es in einer Wasserschüssel aus, bevor du die Kajüte festleimst.

5. Verbinde die Relingsnägel mit Bindfäden.
Ein Faden wird vom Bug über die Masten zum Heck gespannt.

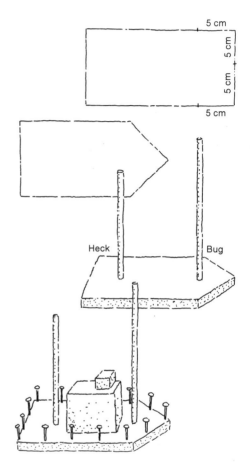

6. Male dein Schiff an, warte bis die Farbe getrocknet ist, dann streiche farblosen Lack darüber.
Durch den Lack werden die Fäden an der Reling fest, sie können nicht mehr verrutschen.

7. Zum Schluß schneide aus Stoffresten Wimpel aus und schmücke dein Schiff für seine erste Fahrt.

Gute Fahrt!

(E. Scharafat)

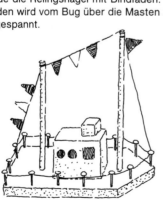

WORTERGÄNZUNGEN

Kannst du reimen?

Heute gehn wir an den Strand,
heute buddeln wir im ...   (Sand)

Ich nehm den Ball mit bunten Streifen
und den Eimer und die ...   (Reifen)

Auch mein neues Gummitier
und das Schiffchen trag ich ...   (hier)

Und wir buddeln, pitsch-patsch
immer tiefer in den ...   (Matsch)

Graben einen Hafen aus,
holen ganz viel Sand ...   (heraus)

So viel Wasser fließt hinein,
daß die Schiffe schwimmen ...   (fein)

Hin und her treibt sie der Wind,
daß sie fahren ganz ...   (geschwind)

Und dann schaufeln wir viel Sand,
bauen eine Burg am ...   (Strand)

Wenn die Sonne brennt ganz heiß,
lutschen wir kühles Himbeer ...   (-eis)

So ein Tag am Strand ist schön,
keiner mag nach Hause ...   (gehn)

Noch im Traume – pitsche-patsch,
buddeln wir im feuchten ...   (Matsch)

Wasser-Lied

Text: Barbara Cratzius Melodie: Paul G. Walter

1. Rol - le, ril - le, rau - sche, ich sitz' da und lau - sche.
Glicks und glucks und glicks und glacks, Wel - le im-mer - zu,
oh - ne Rast und oh - ne Ruh. Glicks! Glucks! Glacks!

2. Dimpel, dampel, dümpel,
Meer, das ist kein Tümpel.
Fährt vorbei ein großes Schiff,
O, da spritzt es toll
mir die Schuhe voll.
Spritz! Sprutz! Spratz!

3. Wiege, Wage, Wogen,
schon vorbeigezogen.
Wellen wiegen sich ganz sacht.
Wasser blau und weiß
gluckert nochmal leis.
Glicks! Glucks! Glacks!

6 Kommt her – wir feiern Sommerfest!

Tischkarten und Tischdecken drucken	BASTELVORSCHLAG	84
Herbei zum großen Sommerfest!	LIED	85
Tierspiel auf der Wiese	SPIEL	86
Das Eisenbahnspiel	LIED	87
Kätzchen, komm zu mir	LIED	87
Rutschenlied	LIED	89
Ballonblasen und andere Spiele	SPIELE	90
Märchenrätsel: Der Froschkönig u. a.	RÄTSEL	91
Wenn die Augen wandern	SPIEL	93
Der Habicht kommt!	SPIEL	93
Sonnenwürfeln	SPIEL	94
Abzählverse	ABZÄHLVERSE	94
Bunt und lustig: Bunter Bänderstock, Blumen-Servietten, Stein mit Marienkäfern, Lustige Tiermasken	BASTELVORSCHLÄGE	95
Die goldene Gans	MÄRCHENSPIEL	96
Wenn im Sommer Geburtstag gefeiert wird	LIED	102

Vorbemerkung: Zur Planung und Durchführung eines Sommerfestes sind die Eltern der Kinder meist freudig zur Mithilfe bereit. Spieldekorationen, Gewinne, Kostüme der Kinder können in gemeinsamen Vorbereitungsabenden hergestellt werden. Dabei können auch Spiellieder mit den Eltern geübt werden. In vielen Kindergärten ist das „Spiel von der goldenen Gans" zusammen mit den Eltern gespielt worden. Die Kinder werden durch die gemeinsamen Spiellieder immer wieder in die Handlung hineingenommen. Das Spiel kann auch als Puppenspiel oder Schattenspiel als besonderer Höhepunkt beim Sommerfest aufgeführt werden.

Ich biete in diesem Kapitel eine Reihe von Spielliedern an, die im Halbkreis oder Kreis mit vielen hübschen selbstgefertigten Tierkostümen (z.B. Ohren, Schnäbel aus farbiger Pappe, Schwänze aus Fellresten oder Stricken) dargeboten werden können. Und wenn das Sommerfest auf der Wiese „ins Wasser" fällt? Ich habe einige Spielideen beigefügt, die auch im geschlossenen Raum durchgeführt werden können, z.B. „... wenn die Augen wandern, der Habicht kommt..." Auch die Märchenrätsel eignen sich für den Sitzkreis im Raum. Aus diesen Märchenrätseln können die Eltern spontan ein Stegreif-Spiel einzelner Märchen entwickeln. Ich habe als Höhepunkt eines Sommerfestes einmal erlebt, wie eine Elterngruppe nach kurzer vorheriger Absprache das Märchen „Schneewittchen" für die Kinder aufführten. Das größte Vergnügen bereitete der Einmarsch der gebückt schreitenden Zwerge (mit improvisierten Zwergenmützen), die sich über das schlafende Schneewittchen bückten und ihre Zwergenlieder sangen.

Tischkarten und Tischdecken drucken

Für die Einladung zum Sommerfest könnt ihr die Gäste selber die Tischkarten drucken lassen. Jeder Gast drückt seinen Daumen aufs Stempelkissen und malt einen lustigen Vogel, einen Käfer, eine Sonne, eine Blume dazu. – Wenn ihr Karten oder Papiertischtücher festlich bedrucken wollt, könnt ihr auch Sommergemüse und Plakafarben dazunehmen. Aber verwendet den Stempel möglichst oft, weil das wertvolle Gemüse danach nicht mehr zu gebrauchen ist. Ihr könnt mit Zwiebeln, Kohlrabi, Kartoffeln, Lauchscheiben drucken. Sicher fallen euch außer Sonnenblumen, Schlange, Schnecke, Tausendfüßler, Schmetterling noch viele andere Motive ein. Wie wäre es mit bunten Wasserbojen oder lustigen Schwimmenten?

Herbei zum großen Sommerfest!

Text: Barbara Cratzius
Melodie: Paul G. Walter

3. Herr Heuschreck zirpt mit hellem Ton,
der Fuchs spielt die Posaune,
und wenn der Cha-Cha-Cha ertönt,
hat alles gute Laune.

4. Es blubbert aus dem tiefen See
ganz fröhlich die Forelle.
Da tanzt das Mäuschen Mickimax
und schwenkt das Schwänzchen schnelle.

5. Und hinterm Busch, da trommelt laut
das Häschen auf die Steine,
sogar der Krähenopapa,
der hebt die alten Beine.

6. Und wenn die Sonne untergeht,
spielt noch der Storch Trompete.
Der Mond, der blinzelt ihnen zu
und freut sich an der Fete.

7. Dann geht der Tanz erst richtig los,
es rauscht herein Frau Eule
und stimmt den Abendkanon an,
mit Huhu und Geheule.

8. So lustig kann's im Sommer sein
im grünen, grünen Klee,
und wenn du Lust hast, schau herein,
um 8 am Bootssteg, dort am See.

BEWEGUNGS-/SINGSPIEL

Tierspiel auf der Wiese

Alle Kinder sitzen im Kreis. Die Erzieherin fordert nacheinander die „Tiere" auf und läßt sie mit einem Vers in die Mitte des Kreises hineinhüpfen oder hineinfliegen. Dabei singen alle Kinder auf die bekannte Melodie: „Ei – so gehn wir alle, alle miteinander auf die Tierwiese, auf die Tierwiese, auf die Tierwiese hinaus."

Seht – da kommt das Fröschchen an,
wie das Fröschchen hüpfen kann.

Seht – da kommt das Schäfchen an,
wie das Schäfchen springen kann!

Seht – da kommt die Störchin an,
wie sie schön stolzieren kann.

Seht – da kommt das Mäuschen an,
wie das Mäuschen piepen kann.

Seht – da kommt der Löwe an,
wie der Löwe schleichen kann!

Seht – da kommt der Elefant an,
wie der Elefant stampfen kann!

Seht – da kommt die Katze an,
wie die Katze miauen kann!

Seht – da kommt der Hund an,
wie der Hund bellen kann!

Seht – da kommt die Eule an,
wie die Eule heulen kann!

Es können noch neue Tierverse dazu improvisiert werden.

Das Eisenbahnspiel

Text: Barbara Cratzius Melodie: Paul G. Walter

1. Bald fangen unsre Ferien an. Dann fahrn wir mit der Eisenbahn. Schikke, schukke, schick, wer fährt mit uns heut' mit?

Die Kinder stehen hintereinander und legen die Hände auf die Schulter des Vordermanns.

2. Bald fangen unsre Ferien an,
   dann fahrn wir mit der Eisenbahn.
   Tute-tute-tut.
   Wir winken mit dem Hut.

   An den Kopf greifen.
   mit dem Hut winken.

3. Und schneller fährt die Eisenbahn,
   schon geht es einen Berg hinan.
   Ritte-ratte-ritt.
   Wir laufen alle mit.

   Mit Trippelschritten vorwärts laufen.

4. Nun hält die alte Eisenbahn
   auf einem Bahnhof erst mal an.
   Schniffe-schnuffe-schnauf.
   Da steigt noch einer auf.

   Noch ein Kind steigt zu.

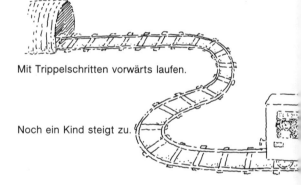

5. Da kommt ein Tunnel an im Nu,
   wir machen unsre Augen zu.
   Ritte-ratte-rums,
   auf einmal macht es – bums!

   Alle Kinder lassen sich auf den Boden fallen.

6. Doch weiter schnauft die
   Eisenbahn,
   bald kommen wir in ... an.
   Ritte-ratte-raus,
   wer ist zuerst zu Haus?

   Die Kinder laufen zu den Stühlen im Stuhlkreis. Wer als erster sitzt, darf die neue Lokomotive sein

LIED/BEWEGUNGS-/SINGSPIEL

Kätzchen, komm zu mir

Text: Barbara Cratzius   Melodie: Paul G. Walter

Ein Kind läuft als Katze im Innenkreis herum. Beim Kehrvers des folgenden Liedes kniet es sich vor einem Kind im Außenkreis nieder, läßt sich streicheln und nimmt das Kind als Katze mit in den Kreis, bis alle Kinder Katzen geworden sind.
Dann setzen sich die Kinder wieder in den Stuhlkreis, eine neue Katze wird bestimmt.

1. Mein Kätz-chen will mich nek-ken, sich hin-term Schrank ver-stek-ken. Komm, mein Kätzchen, her zu mir, ich krau-le sanft dein Köpf-chen dir. Köpfchen dir.

2. Mein Kätzchen, das will naschen,
   sich hinterm Öhrchen waschen.
   Komm, mein Kätzchen, her zu mir,
   ich kraule sanft die Ohren dir.

3. Mein Kätzchen, das will spielen
   und in der Wolle wühlen.
   Komm, mein Kätzchen, her zu mir,
   ich kraule sanft den Rücken dir.

4. Die Miez will Mäuse jagen,
   zu ihren Jungen tragen.
   Komm, mein Kätzchen, her zu mir,
   ich kraule sanft die Pfötchen dir.

5. Die Miez mag Milch gern schlecken,
   jagt Mäuse hinter Hecken.
   Komm, mein Kätzchen, her zu mir,
   ich kraule sanft das Fellchen dir.

6. Mein Kätzchen muß heut jaulen,
   da werd ich es lieb kraulen.
   Komm, mein Kätzchen, jetzt ist Schluß,
   weil ich jetzt nach Haus gehn muß.

Rutschenlied

Text: Barbara Cratzius   Melodie: Paul G. Walter

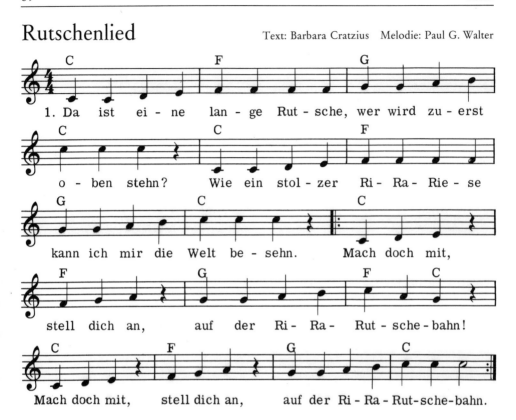

2. Schaut mal her, ich bin der größte,
   Kai und Tim, seid ihr noch da?
   Wenn ich mich noch etwas recke,
   schau ich bis Amerika.
   Mach doch mit ...

3. Und hoch auf den Zehenspitzen
   kann ich bis zum Dach fast schaun,
   wo die schwarzen schnellen Schwalben
   fleißig ihre Nester baun.
   Mach doch mit ...

4. Warum müßt ihr bloß so drängeln,
   Ulf, Sabine, Erika.
   Ri-ra-rutsch, schon bin ich unten,
   ha, ich war als erster da!
   Mach doch mit ...

5. Flink noch einmal hochgestiegen,
   eins, zwei, drei, so schnell geht das!
   Immer, immer, immer wieder,
   ri-ra-ri-ra-Rutschespaß.
   Mach doch mit ...

SPIELE 90

Ballonblasen und andere Spiele

Ballonblasen

Ihr teilt euch in zwei Mannschaften. Jede Mannschaft bekommt einen Luftballon und versucht, ihn so lange wie möglich durch Blasen in der Luft zu halten. Der Ballon darf nicht mit dem Kopf oder mit den Händen berührt werden. Die Erzieherin kann dabei rufen:

Kommt – wir blasen wie der Wind,
fliegt ihr Bälle hoch geschwind!

Nester tauschen

Dieses Spiel ist gut für den Hof oder den Strand geeignet. Jedes Kind zieht um sich herum einen kleinen Kreis für sein Nest. Dann rufen die Kinder der Erzieherin ihre Vogelnamen zu, z.B. Spatz, Kuckuck, Lerche, Amsel... Nun ruft die Erzieherin: „Der Star fliegt ins Amselnest." Während die betreffenden Kinder ihre Plätze tauschen, versucht der Spielleiter ebenfalls, in eins der aufgerufenen Nester zu fliegen. Das Kind, das übrig bleibt, muß die Rolle des Spielleiters übernehmen.

Wer kann's am besten?

Die Erzieherin spielt verschiedene Vogelbewegungen vor. Eventuell ahmt sie auch die dazugehörigen Vogelstimmen nach.

Z.B. stolzieren wie ein Storch
hüpfen wie ein Spatz
kreisen wie ein Adler
„rütteln" wie ein Raubvogel
watscheln wie eine Ente.

Zunächst müssen die dargestellten Vögel geraten werden, dann spielt die ganze Gruppe die Bewegung nach.

Blinder Mann

Zunächst zählt ihr ab, bis ihr den „blinden Mann" gefunden habt:

Hab' ich dich, hab' ich dich, hab' ich dich gefunden,
du bekommst, du bekommst das Tuch nun umgebunden.

Die anderen Kinder ziehen im Kreis um den „blinden Mann" herum, bis dieser „Halt" ruft. Die Kinder bleiben stehen, der „blinde Mann" deutet in irgendeine Richtung. Das Kind, auf den der Zeigefinger weist, muß in den Kreis treten. Wenn der „blinde Mann" es berührt hat, muß er durch Tasten oder Fragen den Namen des anderen Spielers herausfinden. Verstellt dabei eure Stimme gut!
Wenn er es nach einer festgelegten Zeit (2 bis 3 Min.) nicht geschafft hat, geht das Spiel weiter. Wenn er den Namen erraten hat, wird der betreffende Spieler „blinder Mann".

Märchenrätsel

Patsch, patsch, patsch,
du hast Augen, grün und groß,
holst herauf die goldne Kugel,
doch was willst du in dem Schloß?

Patsch, patsch, patsch,
alter Wasserpatscher du,
willst auf meinem Stühlchen sitzen,
laß mich Königskind in Ruh!

Patsch, patsch, patsch,
alter Wasserpatscher du,
willst im seidnen Bettchen schlafen,
laß mich Königskind in Ruh!

Klatsch, klatsch, klatsch,
Frosch, ich werf dich an die Wand.
O, du schöner Königssohn,
ich reich dir meine Hand.

(Der Froschkönig)

Hört, wir kommen, vier Gesellen,
wir miauen, schreien, bellen,
und wir krähen und wir klagen,
ach, es knurrt uns so der Magen.

Und so ziehn wir viele Stunden,
bis ein Häuschen wir gefunden.
Doch, o weh, o Schreck, o Graus,
Räuber lärmen in dem Haus.

Hört ihr uns, wir vier Gesellen
mauzen, schreien, krähen, bellen,
fort ihr Räuber, fort, hinaus,
uns gehört das Räuberhaus.

Brot und Milch und Fleisch und Wein
laden uns zum Schmausen ein.
Wir sind klüger, als ihr meint,
alles schaffen wir vereint.

(Die Bremer Stadtmusikanten)

Flocken, Flocken, weiß und dicht
schüttel ich zum Fenster raus,
weiß wird unsre dunkle Erde,
jeder Zaun und jedes Haus.

Und ich schaffe jeden Morgen,
pflücke Äpfel, backe Brot,
rege fleißig meine Hände,
wie die Fee es mir gebot.

Goldner Regen, du fließt nieder,
ich bin reich bis an mein Ende.
Faule Schwester, dunkler Regen
wird bedecken dir die Hände.

(Frau Holle)

RÄTSEL

Kater, zieh die Stiefel an,
miau, miau, miau,
geh spazieren wie ein Mann,
miau, miau, miau.

Kater, wie kann das bloß sein,
miau, miau, miau,
du ziehst selbst ins Schloß hinein,
miau, miau, miau.

Und voll Klugheit und voll List
miau, miau, miau,
zeigst du, wie man Zauberer frißt,
miau, miau, miau.

(Der gestiefelte Kater)

Seht euch doch das Männchen an,
wie das Männchen spinnen kann,
spinnt, wer hätte das gedacht,
Stroh zu Gold in einer Nacht.

Seht euch doch das Männchen an,
wie das Männchen zaubern kann.
O, Prinzessin, gib nur acht,
groß ist dieses Männchens Macht.

Seht euch doch das Männchen an,
wie das Männchen tanzen kann,
um das Feuer rot und heiß,
niemand seinen Namen weiß!

(Rumpelstilzchen)

Wolf mit schrecklich großem Maul,
böse und gemein bist du,
schleichst herum auf dunklen Wegen,
laß das Mädchen doch in Ruh!

Wolf mit schrecklich großen Ohren,
mit den Pranken schlägst du zu,
schleichst dich hin zum kleinen Häuschen
laß die Großmutter in Ruh!

Wolf mit schrecklich dickem Bauch
schnarch du nur im Bette hier!
Bald wird dich der Jäger schießen,
dann ist's endlich aus mit dir!

(Rotkäppchen)

Seht ihr dort das große Schloß
hinter Hecken, hinter Bäumen?
Menschen, Tiere schlafen fest,
alle schlummern, schnarchen, träumen.

Rosen klettern um die Mauern,
bis sie ganz umwachsen sind.
Und im hohen Turm des Schlosses
schläft das schöne Königskind.

Hundert Jahre mußt du schlafen,
doch dann ist der Bann vorbei.
Und ein Prinz wird dich erlösen,
wache auf, du bist nun frei.

(Dornröschen)

Wenn die Augen wandern

Wenn es beim Sommerfest ganz laut geworden ist, kann ein stilles Spiel gespielt werden. Das eignet sich auch für den Kindergeburtstag.
Die Kinder gehen hinaus.

Inzwischen ist irgendein Gegenstand so geschickt „versteckt" worden, daß er zwar sichtbar ist, aber doch nicht gleich ins Auge fällt, z. B. ein graues Stofftier auf einer grauen Decke, ein grüner Gummifrosch vor einem grünen Bilderbuch oder einer Topfpflanze, ein Luftballon irgendwo ganz oben an der Gardine. Die Kinder kommen herein und setzen sich vor ihren Stuhl auf die Erde. Nur die Augen wandern umher. Wenn ein Kind den vorher bezeichneten Gegenstand entdeckt hat, setzt es sich auf den Stuhl. Wenn alle sitzen, wird ein neuer Gegenstand versteckt.

Der Habicht kommt!

Die Kinder sitzen um den Tisch herum und haben ihre flachen Hände auf den Tisch gelegt. Der „Habicht" kreist mit der rechten Hand langsam über den Händen; dazu wird der Vers gesprochen. Bei den letzten Worten saust der „Habicht" herunter und versucht, eine Kinderhand zu erwischen. Die „Mäuse" ziehen ganz rasch ihre Hände zurück. Jedes Kind darf einmal den Habicht spielen.

Ich fliege, ich fliege,
über Wald und Teich.
Wo ist die Mi-Ma-Mausemaus?
Paß auf! Ich hab' sie gleich.

Das gleiche Spiel kann als „Fischerspiel" gespielt werden.

Ich fische, ich fische,
ich werfe meine Angel aus.
Und Schwupp!
Da zieh' ich dich heraus!

Ebenso kann daraus das „Hunde-Jagdspiel" entwickelt werden.

Ich jage, ich jage,
wohl über Stock und Stein.
Wo ist der Hi-Ha-Hase
mit seiner dunklen Nase,
den jag ich ohne Rast und Ruh,
und ab bist du!

Sonnenwürfeln

Was macht ihr, wenn es bei einem Fest mal Bindfäden regnet? Hier ist ein Spielvorschlag: Sonnenwürfeln.

Ihr braucht dazu einen Würfel, Papier und Bleistift. Es wird einmal im Kreis gewürfelt, und jeder schreibt die Zahl, die er gewürfelt hat, auf. Das ist seine „Sonnenzahl". Nun würfelt ihr wieder reihum. Wer dabei seine „Sonnenzahl" würfelt, darf den ersten Teil seiner Sonne, nämlich den Sonnenball, zeichnen. Danach folgen, je nach „Würfelglück" die 6 Sonnenstrahlen. Sieger ist derjenige, auf dessen Blatt zuerst die Sonne mit allen Strahlen leuchtet.
Vielleicht zaubert dieses Spiel euch wirklich bald die Sonne herbei!

Abzählverse

Bimmel, bammel, bommel,
komm her und schlag die Trommel.
Hol die Pauke noch dazu,
Komm, der Trommler, das bist – du!

Lirum, larum Löffelstiel,
ein Krokodil, das wohnt am Nil.
Schluckt die Fische – 1-2-3,
und du bist frei!

1-2-3-4-5,
der Storch trägt keine Strümpf.
Doch unsre Schnecke trägt ihr Haus,
und du bist raus.

Der Goldfisch im Aquarium
schwimmt rundherum
und bleibt doch stumm.
Legt viele Eier und eins dazu,
und ab bist du!

Eine kleine Grille,
die putzte ihre Brille.
Die Brille war ihr viel zu groß,
und du läufst los!

Brimmel, brummel, brommel,
die Katze schlägt die Trommel.
Da kriegt das Mäuschen einen Schreck,
und du bist weg.

Bunt und lustig

Bunter Bänderstock

Material:
Stock 40 cm lang
verschiedenfarbiges Kreppapier
Klebstoff
Schere

Ihr braucht einen Stock 40 cm lang, und Kreppapier in verschiedenen Farben. Schneidet aus dem Kreppapier 10 Streifen, die ca. 40 cm lang und 2 cm breit sind.
Diese Bänder klebt ihr jetzt im Farbwechsel um den Stock. Fertig ist euer schöner, bunter Bänderstock, mit dem ihr rascheln, winken, zur Musik bewegen und alles, was euch sonst noch einfällt, machen könnt!

(U. Weber)

Stein mit Marienkäfern

Material:
Schöne Steine
geschälte, trockene Erbsen
Plakafarbe und Plaka-Lack
schwarzer, wasserfester Stift

Findet ihr in einer Packung Trockenerbsen nicht genug halbe Erbsen, so müßt ihr diese selbst herstellen, indem ihr ganze Erbsen auf ein Brett legt und sie mit dem Fleischklopfer entzwei schlagt.
Die halben Erbsen mit roter Plakafarbe bemalen und trocknen lassen. Jetzt eine oder auch mehrere von ihnen auf einen Stein kleben. Mit dem schwarzen Stift den Käfer ausmalen: Punkte auf den Rücken, langer Strich als Flügelunterteilung, schwarzes Köpfchen.
Neben den Körper, also auf den Stein, malt ihr 3 Beinpaare und 1 Fühlerpaar.
Zum Schluß werden Stein und Käfer mit Plaka-Lack überzogen.

(U. Weber)

Blumen-Servietten

Material:
Weiße Serviette
Tuschkasten und Pinsel
Korken

Ihr legt eine weiße Serviette auseinandergefaltet vor euch auf den Tisch.
Nun bemalt ihr ein Korkenende mit Wasserfarbe. Die Farbe muß dabei dick aufgetragen werden, damit der Stempelabdruck auf der Serviette gut gelingt!
Auf jeden der vier Serviettenfaltteile druckt ihr einen Kreis mit 6 Korkabdrücken in *einer* Farbe (rot, gelb oder blau).
In die Mitte eines jeden Kreises kommt anschließend noch ein Korkabdruck als Blüten-Mittelteil in einer anderen Farbe.
Diese Servietten sind eine hübsche Tischdekoration zu Sommerfesten, Geburtstagen usw.!

(U. Weber)

Lustige Tiermasken

Aus Papptellern, fester Pappe und gekauften bunten Klebefiguren können sich die Kinder selbst ihre lustigen Tiermasken herstellen. Die Schablonen für die Schmetterlinge, Katzen und Eulen werden vorher fertig zugeschnitten. In die Seiten werden Löcher für die Haltebänder hineingestanzt. Die Kinder bemalen oder bekleben ihre Tiermasken selbst.

Die goldene Gans

Text: Barbara Cratzius   *Musik: Robert Ring

(Märchen vom jungen Hans, der die Menschen zum Lachen brachte)

Zu Beginn ziehen alle Spieler in einer großen Polonaise durch den Zuschauerraum. Zum Abschluß bleiben sie auf der Bühne oder im Zuschauerkreis stehen in „erstarrter" Haltung, sie wirken wie „eingeschlafen" und werden bei den Worten des Sprechers wach; agieren in ihrer jeweiligen Rolle und verlassen dann die Bühne bis auf den ältesten Sohn und den Vater.
Requisiten: Thron für die Prinzessin (vergoldeter alter Sessel), mit Silberfolie bespannte goldlackierte Bilderrahmen, Rosenbäumchen aus Kreppapier; Gans aus Pappmaché, mit Bettfedern beklebt; Beil, Axt aus Pappe.

Chor:

Lied 1

Hört, ihr Kin-der, seid ganz Ohr, wir spie-len euch ein
Mär-chen vor von ei-ner Kö-nigs-toch-ter schön, doch
das sollt ihr nun sel-ber sehn.

Auf der Bühne „erwacht" der Hofstaat, Hofdamen sind mit Seidentüchern bemüht, der Prinzessin die Tränen zu trocknen. König steht traurig daneben.

Sprecher: Könnt ihr dort die Prinzessin sehn?
Sie ist so traurig, was ist denn gescheh'n?
Sie weint und klagt den ganzen Tag.
Gibt's niemand, der ihr helfen mag?
Wem wird es endlich mal gelingen,
die Königstochter zum Lachen zu bringen?
Vom König kriegt er dafür zum Lohn
die Hand der Prinzessin und seinen Thron.
Nun wartet, Herr König, noch ist's nicht soweit,
wir rufen euch alle zur rechten Zeit!
(Hofstaat ab)

Chor: Hört, ihr Kinder, seid ganz Ohr,
(Lied I)   wir spielen euch ein Märchen vor
von einem Männchen klein und alt,
das lebte tief im dunklen Wald.

SINGSPIEL

Männchen:
(tanzt)

Seht mich klei-nes Männlein an, wie ich hur-tig sprin-gen kann.

Ich bin hier, und ich bin dort, husch hervor und bin schon fort.

Sprecher:	Warte Männchen, noch ist's nicht soweit, wir rufen dich schon zur rechten Zeit! *(Männchen ab)*
Chor: *(Lied I)*	Hört, ihr Kinder, seid ganz Ohr, wir spielen euch ein Märchen vor vom dummen, guten, jungen Hans mit seiner goldnen Zaubergans.
Sprecher:	Warte, Hans, noch ist's nicht soweit, wir rufen dich schon zur rechten Zeit. *(Hans ab)*
Chor: *(Lied 1)*	Hört, ihr Kinder, seid ganz Ohr, wir spielen euch ein Märchen vor. Drei Söhne hat der Vater, seht, nur Hans, der schafft von früh bis spät. *(2. Sohn ab)*
Sprecher:	Kinder, kommt, wir wollen sehn, was mit dem ältesten Sohn geschehn. *(Sprecher ab)*

Ältester Sohn:	Vater, ich will in den Wald gehen und Holz hacken.
Vater:	O, lieber Sohn, nimm Kuchen und Wein mit. Und sei vorsichtig, daß dir nichts geschieht!
Ältester Sohn:	Sei ohne Sorge, ich komme ja bald wieder. *(Vater ab)*

(Sohn schnürt sein Bündel, geht pfeifend auf die Wanderschaft)

Ältester Sohn:	Ja, wer Holz hacken will, der muß erst mal gut essen! *(ißt mit Behagen)*

SINGSPIEL 98

(Männchen huscht durch die Zuschauerreihen hindurch)

Männchen: Seht mich kleines Männchen an,
(Lied 2) wie ich lustig springen kann.
Ich bin hier und ich bin dort,
husch hervor und bin schon fort.

Seht mich kleines Männchen an,
wie ich lustig hüpfen kann.
Ich helf' guten Menschen gleich,
doch, ihr bösen, hütet euch!

Seht mich kleines Männchen an,
wißt ihr, daß ich zaubern kann?
Kommt ein Mensch, dann husch, husch, husch,
bin verschwunden ich im Busch.

Seht mich kleines Männchen an,
wie ich Männchen betteln kann.
Gibst du mir von deinem Brot,
trifft kein Schmerz dich, keine Not.

Seht mich kleines Männchen an,
wie ich Männchen strafen kann.
Teilst du nicht mit mir dein Brot,
bring' ich dich in große Not.

Männchen: O junger Mann, mich hungert sehr,
gib mir von deinem Kuchen her!
Ältester Sohn: Was hab' ich davon, wenn ich dir was abgebe!
Scher dich fort, kleines Männchen!
Männchen: So sieh dich vor, du böser Mann,
(böse, heimlich das kleine Männchen zaubern kann!
zu den Du bist ohne Liebe und ohne Verstand.
Zuschauern) Nun hack dir gleich mit dem Beil in die Hand.
(Männchen ab)
Ältester Sohn: So, nun will ich mich gleich an die Arbeit machen!
(Er haut kräftig zu).
O weh! O weh! Meine Hand! Verfluchtes Beil!
Ich muß nach Hause, meine Hand verbinden lassen!
(Sohn ab)
Männchen: Seht mich kleines Männchen an,
(Lied 2) wie ich lustig springen kann!
Ich bin hier, und ich bin dort,
husch hervor und bin schon fort.

(Männchen hüpft während des Liedes auf der Bühne herum und im Zuschauerraum)

Männchen: Seht mich kleines Männchen an,
(Lied 2) wie ich Männchen strafen kann.
Teilst du nicht mit mir dein Brot,
bring ich dich in große Not.

2. Sohn:	So, ich will's besser machen als mein älterer Bruder. Wie kann man nur so ungeschickt sein! Mir wird schon nichts im Wald geschehen! *(geht pfeifend über die Bühne).* Aber zuerst will ich mich stärken. Der Vater hat mir süßen Kuchen und guten Wein in den Korb gepackt. Das soll ein Schmausen geben!
Männchen:	O junger Mann, mich hungert sehr, gib mir von deinem Kuchen her! *(Männchen böse zum Publikum)* So sieh dich vor, du böser Mann, das kleine Männchen zaubern kann! Schlag mit der Axt nur kräftig drein, und hack zur Strafe dich ins Bein!
2. Sohn:	O weh! O weh! Mein Bein! Vater, Vater, ich hab mich ins Bein gehackt! *(Sohn ab)*
Männchen: *(Lied 2)*	Seht mich kleines Männchen an, wie ich Männchen strafen kann! Teilst du nicht mit mir dein Brot, bring ich dich in große Not!
Hans:	So - nun will ich in den Wald gehen und Holz holen. Meinen armen Brüdern ist es ja schlimm dabei ergangen. Hoffentlich kann ich dem Vater ein großes Bündel Holz mit nach Hause bringen.
Männchen:	O junger Mann, mich hungert sehr, ach, schenk mir Wein und Kuchen her!
Hans:	Wo kommst du denn plötzlich her, du kleines Männchen? Ich will dir gerne helfen. Kuchen und Wein hab' ich nicht, aber willst du mit dem Brot und dem Wasser vorlieb nehmen? Das teil' ich gern mit dir! *(beide essen)*
Männchen:	Nun habe acht, du junger Mann, das kleine Männchen zaubern kann! Schlag um den Baum und staune, Hans! Du findest eine goldene Gans!

(Hans haut hinter der Bühne einen Baum um und kommt mit der goldenen Gans im Arm zurück)

Hans:
Chor: Schaut nur, schaut, eine goldene Gans hab ich gefunden!

Hans, Hans, Hans, da ist deine goldne Gans!
Habt ihr so was schon gesehn? Goldne Federn, blank und schön.

SINGSPIEL

	(Mädchen kommen lachend herbei)
1. Mädchen:	Guckt mal, eine goldene Gans! Der muß man mal eine Feder ausziehen! Eine goldene Feder will ich haben! Huch – ich kleb ja fest!
Chor: *(Lied 3)*	Zieht doch mit! Kommt herbei in gleichem Schritt! Lauft ihm nach, dem jungen Mann, faßt die goldnen Federn an!
2. Mädchen:	Was ist denn da geschehen? Komm her, was willst du diesem fremden jungen Mann nachlaufen?
1. Mädchen:	Hilf mir, ich komm nicht mehr los!
2. Mädchen:	O weh, nun kleb ich fest! Hilfe, wer macht mich los?
3. Mädchen:	Was schreist du denn so? Macht doch keinen Lärm, die Mutter schimpft schon! Kommt, laßt los! O weh – nun kann ich auch nicht mehr fort!
	(alle ziehen hinterher)
Chor: *(Lied 3)*	Zieht doch mit! Kommt herbei im gleichen Schritt! Lauft ihm nach, dem jungen Mann, faßt die goldnen Federn an!
Pfarrer:	Was soll denn das sein? Da laufen die jungen Mädchen diesem Handwerksburschen nach! Das ist höchst unschicklich! Kommt doch her! O – jetzt kleb ich auch fest!
Küster:	Herr Pfarrer, Herr Pfarrer! Was sollen die Leute denn denken! Das ist höchst ungewöhnlich! Der Herr Pfarrer laufen den jungen Mädchen nach! Zurück, Herr Pfarrer! O weh – nun bin ich auch festgebunden!

(Während dieses Liedes führt Hans die Menschenkette um den Zuschauerkreis herum, mehrmals, während inzwischen der Hofstaat auf der Bühne erschienen ist)

Chor: *(Lied 3)*	Hand in Hand! So zieht ihr durchs ganze Land! Liebe Gans, kleb alle an, daß ein jeder lachen kann!
	Hans, Hans, Hans! Da ist deine goldne Gans! So, nun bleibt ihr endlich stehn, die Prinzessin will euch sehn!

❊

(Prinzessin sitzt weinend auf dem Thron, Hofdamen versuchen, sie aufzuheitern)

1. Hofdame:	O Prinzessin, seht doch das kleine Äffchen! Ist das nicht lustig?
2. Hofdame:	Und der Papagei in seinem goldenen Käfig! Schaut doch, er kann richtig sprechen!
Papagei: *(krächzt)*	O Prinzessin, was sind das für Sachen, versuch doch heute mal zu lachen!
3. Hofdame:	Ich bringe gerade von Eurem Schneider die neuen, schönen, goldnen Kleider. Prinzessin, laßt das Weinen sein und schlüpft in die neuen Kleider hinein!

Prinzessin:	Ich sehe draußen die Sonne scheinen
	und kann nicht lachen, ich muß nur weinen!
	Die Ketten, die Perlen, der Edelstein,
	nichts kann mein trauriges Herz erfreun.
Chor:	Hans! Hans! Hans!
(Lied 3)	Da ist deine goldene Gans!
	So, nun bleibt ihr endlich stehn,
	die Prinzessin soll euch sehn!
Prinzessin:	Was ist das?
	So etwas Lustiges hab ich ja in meinem ganzen Leben noch nicht gesehen!
	Schaut doch! Eine goldene Gans!
	Und da kleben die jungen Mädchen und der Küster
	und der Herr Pfarrer selber dran!
1. Hofdame:	Die Prinzessin hat gelacht! Holt den König!
2. Hofdame:	Ein Wunder ist geschehen! Die Prinzessin weint nicht mehr!
König:	Mein Kind, mein Kind, was ist geschehen?
	Ich kann dich endlich lachen sehen!
Prinzessin:	O Vater, ein jeder nur lachen kann!
	So seht, das ganze Dorf klebt an!
	Der Pfarrer, der Küster hinterdrein,
	so holt sie gleich ins Schloß hinein!
	O Vater, o Vater, ich muß gestehn,
	ich möchte den Jüngling von nahem sehn.
Chor:	Hans! Hans! Hans!
(Lied 3)	Da ist deine goldene Gans!
	Hans, ein Wunder ist geschehn,
	die Prinzessin will dich sehn!
Prinzessin:	O Vater, das sieht so lustig aus!
	Ich will auch nie wieder weinen,
	wenn nur der schöne Jüngling für immer bei mir im Schloß bleiben darf.
König:	So will ich mein Versprechen halten.
	Du junger Mann, hast meinem Kind das Lachen wiedergeschenkt.
	Du hast die Prinzessin und mich und das ganze Schloß glücklich gemacht.
	Reich meiner Tochter die Hand! Und morgen soll die Hochzeit sein!
Chor:	Lacht und singt!
(Lied 3)	Feiert mit und tanzt und springt!
	Und wir laden alle ein,
	morgen soll die Hochzeit sein!

(Der Sprecher fordert alle zum Mitsingen auf)

Alle:	Singt und lacht!
(Lied 3)	Her zu uns und mitgemacht!
	Stimmt in unsern Jubel ein,
	morgen soll die Hochzeit sein!

LIED/BEWEGUNGSSPIEL

Wenn im Sommer Geburtstag gefeiert wird

Geburtstagslied für ...

Auf die Melodie des Liedes: Es tanzt ein Biba-Butze-Mann können wir die folgenden Strophen singen. Die Namen für die Geburtstagskinder werden entsprechend eingesetzt. Die letzte Strophe, in der die Geschenke genannt werden, kann der jeweiligen Situation angepaßt werden.

Die (Der) ... hat Geburtstag heut,
das wissen alle Leut.
So kommt ihr Gäste groß und klein,
daß ihr euch mit uns freut.
Nun fassen wir die Hände an,
ein jeder ruft, so laut er kann:
(Die) Der ... hat Geburtstag heut,
das wissen alle Leut.

Die (Der) lädt viele Gäste ein
von nah und auch von fern.
Nun zünden wir die Kerzen an,
das hat ... gern.

Nun fassen wir die Hände an,
ein jeder ruft, so laut er kann:
Die (Der) lädt ...

Die (Der) packt Geschenke aus,
den Ball, Quartett und Buch.
Den Teddy und das Schmuseschaf
und auch das bunte Tuch.
Nun fassen wir die Hände an,
ein jeder ruft, so laut er kann:
Die (Der) packt ...

7 Laßt uns Gottes Schöpfung schützen!

Ist die Erde noch deiner Schöpfung voll?	THEMA-ANGABE	104
Wie die Zerstörung der Umwelt begann	REDEAUSSCHNITT	105
Das Lied von den Maikäfern	LIED	108
Kinderfragen	KINDERFRAGEN	109
Den goldenen Finger Sonne	LIED	110
Schöpfungsgeschichte	BEWEGUNGSSPIEL	111
Lied von der Schöpfung	LIED	113
Eine Froschgeschichte	ERZÄHLUNG–GESCHICHTE	114
Der schwarze Schwan	ERZÄHLUNG–GESCHICHTE	115
Das Lied von den geknickten Bäumen	LIED	116
Die Geschichte und das Spiel von Noah	SPIEL	117
Singspiel von der Arche Noah	SINGSPIEL	118
Wir beten miteinander	GEBETE	125
Arche Noah als Schattenspiel	SCHATTENSPIEL	125
Lied vom Regenbogen: Seht, der bunte Regenbogen	LIED	128

Ist die Erde noch deiner Schöpfungen voll?

(Nach Psalm 104)

Dieses Kapitel beschäftigt sich mit den Folgen der fortschreitenden Umweltzerstörung. Es will für Kinder nachvollziehbare Vorschläge für Umweltbewahrung machen und Achtung vor der Schöpfung vermitteln.

Man kann sicher über das Wort eines modernen Dichters, daß man nach Auschwitz nicht mehr beten könne, diskutieren. Spätestens aber nach Tschernobyl, nach dem Umkippen von Flüssen und Meeren, nach dem Smog-Alarm in unseren Städten, können wir nicht mehr ohne Vorbehalt mit unsern Kindern das Loblied auf die heile Welt, auf die Schöpfung anstimmen. Ist der Umgang mit unserer Umwelt nicht Ausdruck dafür, daß wir den Schöpfer und sein Werk mißachten? – Wir lieben die großen Schöpfungs- und Dankpsalmen:

> Gott, wie groß bist du!
> Pracht und Licht sind dein Kleid.
> Du läßt die Quellen rinnen durch die Täler.
> Sie tränken die Tiere auf dem Feld.
> Du tränkst die Berge mit deinen Wassern,
> aus deinen Wolken wird die Erde satt.
> Du läßt das Gras sprießen für die Tiere.
> Herr, unendlich reich sind deine Werke,
> und die Erde ist deiner Schöpfung voll.

(aus Psalm 104)

Belasten uns beim Singen der Psalmen und beim Lobgesang der alten Lieder nicht die Gedanken an die leergefischten und verschmutzten Meere, an die vertrockneten Weidegebiete und sterbenden Oasen in der Wüste, an das Schwinden von jährlich 20 Mill. Hektar Wald von der Erdoberfläche, an die Vergiftung des Bodens und der Luft und die Ablagerung von Müll? Ich möchte Auszüge aus der Rede des Indianerhäuptlings Seattle, die er 1855 hielt, an den Anfang dieses Kapitels stellen. Es ist eine Rede, die auch heute noch so aktuell ist wie damals. Es besteht heute mehr denn je Anlaß, eine solche Rede zu halten und zu hören, bei uns, in ganz Europa, auf der ganzen Erde.

Wie die Zerstörung der Umwelt begann
Aus der Rede des Häuptlings Seattle von 1855

„*Der große Häuptling in Washington* " *sendet Nachricht, daß er unser Land zu kaufen wünscht. Der große Häuptling sendet uns auch Worte der Freundschaft und des guten Willens. Das ist freundlich von ihm, denn wir wissen, er bedarf unserer Freundschaft nicht.*
Aber wir werden sein Angebot bedenken, denn wir wissen, wenn wir nicht verkaufen, kommt vielleicht der weiße Mann mit Gewehren und nimmt sich unser Land. Wie kann man den Himmel kaufen oder verkaufen – oder die Wärme der Erde? Diese Vorstellung ist uns fremd. Wenn wir die Frische der Luft und das Glitzern des Wassers nicht besitzen – wie könnt ihr sie von uns kaufen? Jeder Teil dieser Erde ist meinem Volk heilig, jede glitzernde Tannennadel, jeder sandige Strand, jeder Nebel in den dunklen Wäldern, jede Lichtung, jedes summende Insekt ist heilig in den Gedanken und Erfahrungen meines Volkes. Der Saft, der in den Bäumen steigt, trägt die Erinnerung des roten Mannes.
Die Toten der Weißen vergessen das Land ihrer Geburt, wenn sie fortgehen, um unter den Sternen zu wandeln. Unsere Toten vergessen diese wunderbare Erde nie, denn sie ist des roten Mannes Mutter.
Wir sind ein Teil der Erde, und sie ist ein Teil von uns. Die duftenden Blumen sind unsere Schwestern, die Rehe, das Pferd, der große Adler – sind unsere Brüder.
Das Ansinnen, unser Land zu kaufen, werden wir bedenken, und wenn wir uns entschließen anzunehmen, so nur unter einer Bedingung: Der weiße Mann muß die Tiere des Landes behandeln wie seine Brüder.
Ich bin ein Wilder und versuche es nicht anders. Ich habe tausend verrottende Büffel gesehen, vom weißen Mann zurückgelassen – erschossen aus einem vorüberfahrenden Zug. Ich bin ein Wilder und kann nicht verstehen, wie das qualmende Eisenpferd wichtiger sein soll als der Büffel,

den wir nur töten, um am Leben zu bleiben. Was ist der Mensch ohne die Tiere? Wären alle Tiere fort, so stürbe der Mensch an großer Einsamkeit des Geistes. Was immer den Tieren geschieht – geschieht bald auch den Menschen.
Alle Dinge sind miteinander verbunden. Was die Erde befällt, befällt auch die Söhne der Erde. Ihr müßt Eure Kinder lehren, daß der Boden unter ihren Füßen die Asche unserer Großväter ist. Damit sie das Land achten, erzählt ihnen, daß die Erde erfüllt ist von den Seelen unserer Vorfahren.
Lehrt Eure Kinder, was wir unsere Kinder lehrten: Die Erde ist unsere Mutter. Was die Erde befällt, befällt auch die Söhne der Erde. Wenn Menschen auf die Erde spucken – bespeien sie sich selbst.
Denn das wissen wir – die Erde gehört nicht den Menschen, der Mensch gehört zur Erde. Alles ist miteinander verbunden, wie das Blut, das eine Familie vereint. Alles ist verbunden. Was die Erde befällt, befällt auch die Söhne der Erde. Der Mensch schuf nicht das Gewebe des Lebens, er ist darin nur eine Faser. Was immer Ihr dem Gewebe antut, das tut Ihr Euch selbst an.

Wenn wir den Kindern in diesem Sinne bewußt machen wollen, daß auch sie ein Teil der Schöpfung sind, dann müssen wir auch gemeinsam lernen, unsere nahe Umwelt sinnvoll zu gestalten und liebevoll mit ihr umzugehen. Mit dieser Erziehung zu einem verantwortlichen Umgang mit der Schöpfung können wir zwar die Schäden, die der Mensch in der Natur angerichtet hat, nicht kurieren.
Wir können aber in Zusammenarbeit mit den Eltern, die wir in die Arbeit einbeziehen, den Kindern im Kindergarten zu einem besseren Verständnis und Erleben der Natur verhelfen.
Ich habe verschiedene Bausteine: Gedichte (z. T. auch für die Eltern), Lieder, Geschichten und Spiele, zusammengetragen, die als Anregung zur weiteren eigenen Ausgestaltung zu verstehen sind. Sie sollen das Be-

wußtsein wecken helfen, daß jeder Mensch vor dem Schöpfer verantwortlich ist für den Bereich der Schöpfung, der ihm zugeteilt ist.

Dabei können folgende Impulse gegeben werden:
- Wie können wir Energie (Wasser/Strom) sparen?
- Wir gehen sparsam mit den Abfällen (Müll) um.
- Aus dem kleinen Stück Garten im Hof des Kindergartens kann ein Lehr-, Spiel- und Erlebnisgarten werden: Verzicht auf Chemikalien, auch Wildkräuter wachsen lassen, manche Pflanzenarten fördern sich gegenseitig und halten untereinander Schädlinge fern.
- Möglichst wenig Grundstückflächen mit Asphalt und Beton versiegeln.
- Auf Spaziergängen die artenreiche Pflanzenwelt an Ackerrainen und Hecken beachten. Auf Wald- und Parkspaziergängen können die Kinder die Rinde der Bäume befühlen, betasten, „streicheln". Sie können (in Maßen) Blätter und Waldfrüchte, Eicheln und Kastanien sammeln. Sie lauschen den Vögeln, sie vernehmen das Knacken der Zweige, den Wind in den Ästen. Wichtig ist, daß gerade im Wald die Kinder auf Umweltschutz hingewiesen werden – kein Feuer machen, Abfälle nicht herumwerfen.
- Bei einem Spaziergang können auch die Sinne für die Umwelt geschult werden. Zwei Kinder fassen sich an, das eine Kind hat die Augen geschlossen und läßt sich führen. Das führende Kind läßt das „blinde Kind" an einer Blume riechen, an Rinden und Steinen und Blätter fühlen, – eine Art streicheln –, usw.
- Recycling: Mit den Kindern wird besprochen, daß der Hausmüll getrennt gesammelt wird in den dafür aufgestellten Containern (Altpapier, Glas usw.).
- Wir können Ausstellungen im Kindergarten veranstalten: Alle unsere Bäume (in Zusammenarbeit mit der Waldjugend), alle unsere Blumen und Tiere (Anschauungsmaterial zusammentragen lassen).

Das Lied von den Maikäfern

Text: Barbara Cratzius
Melodie: Paul G. Walter

1. Mami, liebe Mami, wo die Maikäfer wohl sind? An den Birken, an den Buchen will ich schütteln, rütteln, suchen. Du wirst keine finden, Kind. Kind.

2. Mami, liebe Mami,
   wo die Schmetterlinge sind?
   Viele bunte sah ich fliegen,
   soll ich dies Jahr keine kriegen? –
   Bald sind sie verschwunden, Kind.

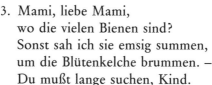

3. Mami, liebe Mami,
   wo die vielen Bienen sind?
   Sonst sah ich sie emsig summen,
   um die Blütenkelche brummen. –
   Du mußt lange suchen, Kind.

4. Mami, liebe Mami,
   sag mir, wo die Ulmen sind?
   Ulmen, Tannen sah ich sterben,
   wer soll unsre Bäume erben,
   wenn die Wurzeln krank schon sind?

5. Mami, liebe Mami,
   ich mag Bäume, jedes Tier.
   Wird das niemals besser werden
   auf der großen weiten Erden?
   Wer gibt Antwort dir und mir?

Kinderfragen

Warum sehen die Bäume an der Autobahn so kahl aus, Vati? Die Äste der Tannen haben gar keine Nadeln mehr, und die Bäume und Sträucher verlieren ihre Blätter.
Warum darf ich hier hinter dem Parkplatz nicht nach Himbeeren und Blaubeeren suchen gehen?
Warum durften wir damals keine Haselnüsse essen, Mami?
Und Honig hast du auch so lange nicht gekauft!
Warum durften wir damals nicht im Sand spielen?
Und warum darf ich dieses Jahr nicht im Fluß baden?
Warum stinkt es auf unserm Balkon so sehr nach Benzin? Wir wohnen doch hoch oben im 9. Stock?
Können wir nicht bald wieder in das kleine Dorf ins Gebirge fahren? Oder wird es da auch bald so eine Autobahn mit Krach und Gestank geben?
Vielleicht fahren wir in diesem Sommer ans Meer? Warum werden da so viele tote Fische und Seehunde angeschwemmt?
Gibt es nicht einen richtig schönen großen Platz auf der Erde mit Wiesen zum Spielen und sauberer Luft und gesunden grünen Bäumen und klarem Wasser, das ich trinken kann? Sag mir das, Mami!

LIED

Den goldenen Finger Sonne

Text: Barbara Cratzius
Melodie: Paul G. Walter

1. Den gold-nen Fin-ger Son-ne, die schwarze Hand der Nacht, die Ster-ne, Schein des Mon-des, hast al-les du ge-macht.

(nach Psalm 104)

2. Das Wasser, Sand und Steine,
   ich schau' bis auf den Grund.
   Ich such' mir viele Kiesel,
   so blank, so schön, so rund.

3. Ich lieg' am Rand des Teiches,
   wie ist das Wasser klar!
   Ich seh' die Fische jagen,
   ein Spiegel – wunderbar!

4. Ist alles deine Schöpfung,
   der Himmel ist dein Zelt.
   Das Licht ist wie ein helles Kleid,
   so reich ist deine Welt!

5. Bewahre du uns alle,
   Meer, Erde, Luft und Land.
   Du, lieber Gott, halt gnädig uns
   in deiner Vaterhand.

Strophe 1, 2 und 4 entnommen aus: B. Cratzius, "... und ich spür', daß du mich liebst" (Kindergebete), St. Johannis-Druckerei, Lahr.

Schöpfungsgeschichte
(Nach 1. Mos. 1, 1.2, 4a)

Zur Darstellung dieser kurzgefaßten Schöpfungsgeschichte für Kindergartenkinder möchte ich einige Anregungen geben, die in den verschiedenen Kindergruppen variiert werden können. Über die rein verbale Weitergabe der Schöpfungsgeschichte hinaus möchte ich musikalische und rhythmische Bewegungselemente einbeziehen. Dabei können Orff-Instrumente oder selbstgebastelte Instrumente verwendet werden. Die Kinder erfahren in dieser spielerischen Form der Darbietung, daß der Schöpfungsbericht Grund zur Freude und zum Danken ist, daß die Schöpfung uns zur Pflege und verantwortlichen Gestaltung unseres Lebens anvertraut ist.

Am Anfang war Gott da.
Die Erde und der Himmel waren wüst und leer.
Es war ganz dunkel.

Aber Gott war da.
Gott sprach: Es werde Licht.
Da wurde es hell auf der Erde.
Es wurde Abend und wurde Morgen.
Das war der erste Tag.

Ein neuer Tag begann.
Da schuf Gott den Himmel.
Er wölbte sich über der Erde.
Das Wasser bedeckte alles Land.
Das war der zweite Tag.

Ein neuer Tag begann.
Da schuf Gott Land und Meer.
Aus der Erde rief er die Pflanzen hervor, das Gras,

Zu Anfang können die Kinder frei durcheinander im Raum umherlaufen, dazu kann von einigen Kindern auf verschiedenen Instrumenten beliebig und „durcheinander" musiziert werden. Nach einer Weile schlägt die Erzieherin auf der Handtrommel oder dem Becken einen gleichmäßigen Rhythmus, in den sich allmählich die anderen Instrumente einschwingen. Die Kinder ordnen sich langsam zu einem Kreis. Während es zu Anfang noch recht dunkel im Raum war, wird es am Ende des ersten Schöpfungstages hell (Licht anknipsen, Vorhänge aufziehen).

2. Tag: Die Kinder beschreiben mit den Händen einen großen Kreis als Himmelswölbung, das Xylophon ahmt das Rauschen des Wassers nach.

3. Tag: Die Kinder gehen in Hockstellung, wachsen als Blumen, Gräser, Bäume empor, dazu Begleitung von Glockenspiel und Xylophon.

4. Tag: Einige Kinder schlagen einen großen Kreis als Sonne, andere Kinder kleinere Kreise als Sterne und Mond, dazu Triangel, Glockenspiel.

5. Tag: Kinder bewegen sich mit Schwimmbewegungen als Fische, mit Flugbewegungen als Vögel an der Kreislinie entlang, dazu Triangel, Glockenspiel, Xylophon.

6. Tag: Kinder bewegen sich trippelnd, stampfend, hüpfend, kriechend nach der Begleitung von Holzschlagstäben vorwärts.
Vorher ist besprochen worden, welche Tiere die Kinder darstellen wollen. Am Schluß fassen sich jeweils zwei Kinder an (Erschaffung der Menschen) und tanzen miteinander herum.

7. Tag: Die Kinder legen sich im großen Kreis nieder, lauschen der Musik (eventuell Flöte mit ruhigen Tönen). Am Schluß singen alle gemeinsam das Lied: Gott hat alles uns gegeben.

Das Gestalten: Malen, Basteln von großen Sonnen mit Plakafarben, von Blumen und Tieren kann sich diesem Spiel anschließen.

Nach einer Pause oder in den nächsten Tagen kann der Bericht fortgesetzt werden:
Die Menschen können die schöne Erde aber auch zerstören. Sie können Müll in den Flüssen und Wäldern abladen, die Luft verschmutzen, die Erde und das Wasser vergiften. Die Menschen können auch schreckliche Waffen bauen und Kriege führen (dazu klagendes Motiv von der Flöte).
Daran anschließen können sich Gespräche: Was können wir tun zum Schutz unserer Umwelt, der Blumen und Tiere, des Wassers, der Erde und der Luft.

die Kräuter, die Blumen und Bäume.
Das war der dritte Tag.

Ein neuer Tag begann.
Da sprach Gott: Ich will die Lichter an den Himmel setzen.
Ein großes Licht soll am Tag scheinen, ein kleines in der Nacht.
Und er ließ Sterne, Mond und Sonne leuchten.
Das war der vierte Tag.

Ein neuer Tag begann.
Da sprach Gott: Ich will im Wasser Tiere schwimmen lassen
und am Himmel sollen Vögel fliegen.
Gott segnete sie und sprach: Ihr sollt euch vermehren, ihr Fische im Wasser und ihr Vögel unter dem Himmel.
Das war der fünfte Tag.

Ein neuer Tag begann.
Da sprach Gott: Viele Tiere sollen auf der Erde leben, Tiere von allen Arten.
Und ich will Menschen schaffen.
Sie sollen wie ein Bild von mir sein.
Da schuf Gott die Menschen.
Er segnete sie und sprach: Seid fruchtbar und mehret euch!
Ich habe euch die Erde mit Pflanzen und Tieren geschenkt.
Dort sollt ihr leben und gut verwalten, was ich in eure Hand gegeben habe.
Das war der sechste Tag.
Durch Gottes Wort wurden Himmel und Erde geschaffen. Am siebenten Tag ruhte Gott von seinen Werken aus. Gott segnete den siebenten Tag und sprach: Dieser Tag soll Gottes Tag sein. Den sollt ihr heilig halten. Am siebten Tag wollen wir Gott danken für alle seine Gaben.

Lied von der Schöpfung

Text: Barbara Cratzius
Melodie: Herbert Ring

Kehrvers: Gott hat alles uns gegeben, Gott, ich dank' dir für mein Leben. Deine Welt ist schön.

1. Ich freue mich, ich freue mich, herrlich ist jeder Tag. Die große Welt ist voller Wunder, es gibt so vieles, was ich mag.
2. Doch einst war unsre schöne Welt finster und wüst und leer.
   Es gab nicht Sonne, Mond und Sterne, nicht Sand und Fluß und großes Meer.
3. „Es werde!" sprach der liebe Gott, „Licht, fang zu leuchten an!"
   Da kreisten Sonne, Mond und Sterne und zogen ihre goldne Bahn.
4. „Es werde!" sprach der liebe Gott, „Wasser, nun rausch hervor!
   Bespüle Steine, Sand und Erde! Ihr Berge, wölbt euch hoch empor!"
5. „Es werde!" sprach der liebe Gott, „Keim, fang zu wachsen an!"
   Da haben Blüten, Blumen, Blätter die kleinen Knospen aufgetan.
6. „Es werde!" sprach der liebe Gott, „Tiere, nun aufgewacht!"
   Das gab ein Singen, Bellen, Springen und Jubelrufen Tag und Nacht.
7. „Es werde!" sprach der liebe Gott, „Menschen, ich rufe euch!
   Ich gebe euch die gute Erde, ich schenk' euch Gaben überreich.
8. Auch mich rief er empor ans Licht, gab Leib und Seele mir.
   Ich darf nun springen, weinen, lachen; du lieber Gott, ich danke dir.
9. Er schuf uns als sein Ebenbild, hat uns zum Herrn bestellt.
   So laßt uns seine Schöpfung schützen und Frieden halten in der Welt!

Eine Froschgeschichte

Peter und Michael sind auf die Wiese gelaufen. Nun sitzen sie am Bachrand und schichten einen Wall aus vielen Steinen auf. „Du, bald hab' ich meinen Staudamm fertig!" ruft Michael. „Guck mal, das Wasser kann hier nicht weiter, es gibt schon richtige Strudel!" – „Schnell, hol noch mal Steine, sonst stürzt der Damm zusammen!"
Michael gräbt einen großen Stein aus und schleppt ihn herbei. Platsch! Was ist das? Beinahe wäre ihm der Stein aus den Händen gerutscht.
Ein Frosch springt mit einem großen Satz hinter einem Grasbüschel hervor, genau vor seine Füße.
„Greif zu!" schreit Michael. Schon hat Peter seinen Anorak gegriffen und ihn über das Tier geworfen. „Halt zu!" ruft Peter, „ich hol das große Glas für die Fische, da setzen wir ihn rein!"
Mit einem Ruck reißt Peter den Anorak hoch, und Michael stülpt das Glas über das zitternde Tier. „Du, den nehm ich morgen mit in den Kindergarten! Da werden die anderen Augen machen!"
Eine ganze Weile lang beobachten sie den Frosch hinter dem Glas. „Was der für große Augen hat!" sagt Peter. „Häßlich ist er eigentlich gar nicht, guck mal, die grünen Schwimmhäute zwischen den Zehen!"
Es wird Mittag, die Sonne brennt heiß vom wolkenlosen Himmel herab. „Du, ich glaub, dem Frosch wird auch ganz heiß da drinnen!" meint Michael. „Wenn wir wenigstens Luftlöcher ins Glas bohren könnten!"
„Ich glaub, der stirbt uns!" meint Peter zögernd.
„Guck mal, der kippt gleich um! Weißt du, wir werfen ihn ins Wasser! Was meinst du, wie der sich freut!"
„Aber sei vorsichtig!" sagt Michael, „reiß ihm bloß kein Bein ab!" Platschend fliegt der Frosch ins Wasser. Mit einem lauten Quak-Quak ist er verschwunden.
„Du, ich glaube, der hat sich doll gefreut!" sagt Peter.

Die Schwan- und Froschgeschichte sind als Gesprächsimpulse gedacht. Wann sind uns Pflanzen und Tiere begegnet, die bedroht waren? Wie können wir helfen?

Der schwarze Schwan

Peter und Christoph spielen am Wasser. „Weißt du", sagt Peter, „jetzt bauen wir einen ganz tollen Hafen. Dann können wir unsre Schiffe drin schwimmen lassen!"
Unermüdlich buddeln sie eine tiefe Fahrrinne in den feuchten Sand. „Du, ich glaube, das Hafenbecken ist bald fertig! Wir müssen nur noch Steine für die lange Mole sammeln!" meint Christoph. Suchend gehen sie am Strand entlang. „Dort hinten an der Steilküste liegen ganz große Steine", ruft Peter, „die sind gut gegen die hohen Wellen." Christoph bleibt plötzlich stehen. „Hast du nicht gehört? Als ob ein Tier schreit!" Jetzt hat Peter es auch gehört. „Guck mal da im Sand neben den großen Steinen. Ein Schwan. Wie der aussieht! Ganz mit Dreck beschmiert ist der!"
Vorsichtig gehen die beiden Jungen näher. Nun stehen sie vor dem großen Tier, das verzweifelt versucht, emporzuflattern.
„Du, das ist kein Dreck, das ist Öl!" ruft Christoph. „Der Sand ist ganz schwarz, hier unter meinem Fuß kleben ganz dicke schwarze Klumpen!"
Das große Tier vor ihnen fällt zur Seite und zuckt noch ein paarmal hin und her. „Diese blöden Tanker!" schimpft Peter. „Ich hab' das gestern in der Tagesschau gesehen, daß ein Tanker ganz viel Öl vor der Küste ins Wasser abgelassen hat." „Wir können ja zur Strandwache laufen!" schlägt Peter vor, „aber ob die dem Schwan noch helfen können?"
Langsam gehen die beiden zu ihrem Hafenbecken zurück, dann laufen sie los. „Du, heute mag ich gar nicht mehr spielen!" sagt Peter leise.

Gesprächs-Impulse:
Die Gefährdung unserer Meere, Flüsse und Seen durch die Technik, wir sind verantwortlich für Gottes Schöpfung.

Das Lied von den geknickten Bäumen

Text: Barbara Cratzius
Musik: Paul G. Walter

1. Kai und Ingrid, Susi, Peter, seid ihr endlich aufgewacht? Eure Räder müßt ihr holen! Seht doch wie die Sonne lacht! Lieber Gott, wir sollten hüten jeden Baum am Wegesrand.

2. Und wir fahren auf die Straße,
   lassen unsre Wimpel wehn.
   Und wir bimmeln immer lauter,
   schnell und schneller muß es gehn!

3. Halt! Hast du das auch gesehen?
   Dort, ganz rechts am Straßenrand?
   Oh, die vielen jungen Bäumchen
   sind geknickt mit harter Hand.

4. Viele schöne braune Äste
   schwanken leise hin und her.
   Traurig hängen sie herunter,
   und uns wird das Herz so schwer.

Die Geschichte und das Spiel von Noah

Vorbemerkung: Aus der Erzählung von der Sintflut, aus der Rettung Noahs in der bergenden Arche sollen die Kinder erfahren, daß Gott das Leben durch Gefahr, Dunkel und Tod hindurch beschützt und Raum schenkt zu neuem Wachstum und Gedeihen.
Ich habe oft die Geschichte der Rettung Noahs mit Kindern behandelt und die starke Wirkung gespürt, die von dieser Heilsgeschichte Gottes ausgeht. Ich war berührt darüber, wie stark die Kinder von den Bildern der Hoffnung, die diese Urgeschichte entfaltet, angesprochen werden. Diese Bilder können eine Hilfe sein beim „Abbau von Angst und Aufbau von Urvertrauen" (Longardt, Kinderarbeitsbrief aus Rissen III/71, S. 6)
Der gehorsame Noah, der unter der glühenden Sonnenhitze im Schweiße seines Angesichts Bäume fällt, das feste Haus, in dem Mensch und Tier inmitten der tosenden Wassermassen geborgen sind, die Taube, die unbeirrt ihren Weg über die Wellen zum sicheren Land findet und das Zeichen neuen Lebens in ihrem Schnabel trägt, der große leuchtende Regenbogen, der Dankaltar auf der neuen Erde – das sind Bilder, die sich den Kindern tief einprägen, Zeichen des Trostes, der Hoffnung, der Zuversicht, des Dankes. Hier wird ein Mensch im Vertrauen auf Gottes Hilfe hindurchgetragen durch die Gewalt der Wellen, des Verderbens und des Todes.

„Wenn es uns gelingt, in Wort, Spiel, Lied und Gestaltung den Kindern Zug um Zug diese Geschichte zu entfalten, dann werden sie diesen Menschen „Noah gewiß nicht so schnell vergessen, vielleicht sich mit ihm identifizieren und es wagen, auch wie er zu vertrauen" (Longardt, ebenda, S. 12).
Wenn wir den Kindern diese Geschichte nahebringen wollen, sollte nicht der „drohende Zeigefinger" Gottes, die Angst vor dem gewaltigen Strafgericht als Intention herausgearbeitet werden, sondern versucht werden, Gottes Versprechen, die Erfahrung seiner Hilfe und seines Heils zu vermitteln.
Wenn ich auch in Bild und Lied auf die vielfältige Tierwelt in der Arche hinweise (Kinder haben zu Tieren eine Urbeziehung), so möchte ich die Noah-Erzählung doch nicht als Vorlage für eine Art exotischer Tiergeschichte reduziert wissen, wie es in manchen Bilderbüchern leider der Fall ist.
Wenn der Erwachsene, der den Kindern diesen Themenkreis vermittelt, selbst erfüllt ist von den Bildern und Zeichen der Hoffnung in dieser Geschichte, dann wird sich dieses Vertrauen auf die Kinder übertragen, auch beim fröhlichen Singen der Tiersongs und dem Spielen mit dem lustigen „Noah-Memory".

Das folgende Arche-Noah-Spiel ist schon mit kleineren Kindern gut aufzuführen. Die Erzieherin fungiert als Sprecher, die Mitarbeiter und Kinder singen die Lieder und spielen die begleitenden Orff- oder selbstgebastelten Instrumente.

Die Kinder sind stark in das Spielgeschehen miteinbezogen. Sie können als höhnische Zuschauer, als „Handwerker" und als Tiere in verschiedenen Rollen agieren. Aus Tischen und Stühlen kann gemeinsam eine langgestreckte Arche gebaut werden. Sie sollte recht groß sein und viele Sitzplätze haben, daß die vielen Tiere hineinpassen. Die Kinder können pantomimisch in die Arche ziehen. Durch die Art der Bewegung (und auch durch ausgestoßene Tierlaute wie Mauzen, Krähen, Brüllen, Piepen) wird die jeweilige Tiergattung deutlich gemacht. Jedes Kind kann sein Tier auch auf einen großen Bogen malen und sich mit Tesakrepp vor die Brust kleben lassen.

Das Malen der Tiere und das Ausprobieren der begleitenden Instrumente beim Zug in die Arche Noah kann schon mehrere Tage vor der „Aufführung" die Kinder zu schöpferischem Tun zusammenführen. Es kann ausprobiert werden, wie das Stampfen der Kamele, Pferde und Elefanten mit Pauken, Handtrommeln und Holzstäben zu verklanglichen ist, ob Glockenspiel und Triangel zu den Vögeln, Bienen, Mücken paßt. Für das Fluten des Regens und das Steigen des Wassers können Klänge auf dem Alt-Xylophon ausprobiert werden. Dazu gleitet der Schlegel über die tiefer klingenden Klangstäbe hin und her, einzelne Regentropfen werden im Stakkato angeschlagen (plipp, plopp.)

Den Wind können die Kinder mit Mund und Händen nachmachen.

Wenn alle in der Arche sitzen, wird es dunkler im Raum; eine Weile ist nur das Rauschen des Regens zu hören. Dann sollte das helle Sonnenlicht wieder hereinfluten, während die Mitarbeiter und Kinder das „Wasserlied" singen.

Ein Kind wird von Noah als Taube fortgeschickt und fliegt in großen Schwüngen im Raum umher. Sie trägt einen Zweig mit sich, beim letzten Mal kehrt sie nicht zur Arche zurück.

Bei diesem Spiel handelt es sich nicht um eine lustige „Menagerie-Geschichte!" Durch den Begleittext und die Hinführung zum gemeinsamen Mahl wird der geistliche Bezug über das Spielgeschehen hinaus immer wieder deutlich.

Singspiel von der Arche Noah

Jeweils zwei Kinder stehen sich gegenüber und bedrohen sich zunächst pantomimisch, dann mit Worten, dann leiser werdend, am Schluß wieder pantomimisch.
(Paukenschlag oder Beckenschlag)

Sprecher: Gott war traurig über die Menschen auf seiner Erde. Er hatte ihnen die schöne Welt mit all ihren Geschöpfen anvertraut. Aber die Menschen waren böse miteinander. Sie stritten sich, sie zerstörten ihre Felder und ihre Häuser, sie schlugen einander tot. Sie fragten nicht nach Gott, sie schimpften und fluchten.

Da wurde Gott bekümmert, und er sprach: „Ich will alles, was ich geschaffen habe, wieder untergehen lassen. Nur Noah soll gerettet werden. Noah gehorcht mir und vertraut mir. Er hat Gnade gefunden vor meinen Augen." Und Gott sprach zu Noah: Baue einen Kasten, ein Schiff, eine große Arche aus Holz! Drei Stockwerke soll sie ha-

ben, und oben im Dach soll ein Fenster für das Licht sein. An der Seite setze eine Tür ein. Außen und innen mußt du die Arche mit Teer bestreichen, ganz dicht soll sie sein. Denn in sieben Tagen lasse ich eine große Flut kommen, die wird alles Leben auf der Erde vernichten. Aber dich und deine Familie will ich erretten. Nimm auch viele Tiere mit in die Arche, von allen Tieren ein Paar. Und denke auch an genügend Nahrung für Menschen und Tiere.
Noah gehorchte und machte sich an die Arbeit. Aber die anderen Menschen verspotteten ihn und riefen:

Wenn der alte Noah ruft, laufen seine Söhne, schlagen, schleppen, lärmen, sägen, schuften in der Sonnenglut, kommt denn eine große Flut? Hoho – hehe – hoho! Habt ihr Töne? Habt ihr Töne?	Während dieser Text gesprochen wird, bauen die Kinder die große Arche. Einige Kinder stehen abseits und sprechen höhnisch die letzten Zeilen „Hoho…" mit. Sie lachen Noah und seine Söhne aus.
Was der alte Noah sagt, machen seine Söhne, hauen, klopfen, glätten, nageln mitten in der Sonnenglut, kommt denn eine große Flut? Hoho – hehe – hoho! Habt ihr Töne! Habt ihr Töne!	Pantomimisch werden Handwerkerbewegungen ausgeführt.

So verrückt wie Noah ist,
sind auch seine Söhne
wollen eine Arche bauen
mitten in der Sonnenglut,
kommt denn eine große Flut?
Hoho – hehe – hoho!
Habt ihr Töne! Habt ihr Töne!

Noah baut 'ne Arche sich,
will den Sand befahren,
Und nun holt er seine Tiere
mitten in der Sonnenglut,

ARCHE NOAH-SPIEL

nie kommt eine große Flut!
Hoho – hehe – hoho!
Seht die Scharen! Seht die Scharen!

Noah baut ein großes Schiff
für die Ochsen, Schweine,
für die Katzen, Hunde, Möwen
mitten in der Sonnenglut.
Nie kommt eine große Flut.
Hoho, hehe, hoho!
Noah fürchtet sich alleine.

Noah baut ein großes Schiff
selbst für Eulen, Möwen,
für die Ratten, Mäuse, Spinnen,
mitten in der Sonnenglut,
nie kommt eine große Flut!
Hoho, hehe, hoho!
Seht – Giraffen, Tiger Löwen!

Noah baut ein großes Schiff,
selbst für Schwalben, Tauben
für den Storch, den Spatz, den Raben,
mitten in der Sonnenglut,
nie kommt eine große Flut!
Hoho, hehe, hoho!
Wer wird das schon glauben!

Inzwischen haben sich die „Bauarbeiter" vor der Arche versammelt, sie ziehen zu den nebenstehenden Versen nacheinander als Tiere in die Arche. Die Mitarbeiter (und Kinder) können die Texte auch auf eine einfache Melodie, die sie selbst erfinden, singen.

Sprecher: *Aber Noah arbeitet unermüdlich weiter. Als die Arche fertig war, zog er mit seiner Familie und all den Tieren hinein*

Mensch und Tiere sind geborgen
und behütet jeden Morgen
in der Arche, in der Arche,
und wir danken, Herr, dafür.

Und wir ziehen mit den Tieren
auf zwei Füßen oder vieren
in die Arche, kommt doch alle
in die Arche hinein.

Seht den Hahn dort und die Henne,
und die Mäuschen vor der Tenne,
kommen auch mit, kommen auch mit
in die Arche hinein.

Und die Hunde und die Katzen,
Löwen, Tiger auf weichen Tatzen
kommen auch mit ...

Und die Kühe und die Schweine,
große Vögel und auch kleine,
kommen auch mit ...

Und die Esel und die Pferde,
und der Maulwurf in der Erde,
kommen auch mit ...

Und die Nattern und die Schlangen,
nein, ihr braucht euch nicht zu bangen,
kommen auch mit ...

Und Kamele und Giraffen,
und das Walroß und die Affen,
kommen auch mit ...

Elefanten, Krokodile,
und das Nilpferd weit vom Nile,
kommen auch mit ...

Und die Mücken und die Schnecken,
wollen sich im Heu verstecken,
kommen auch mit ...

Schnecken kriechen ganz langsam.

Auch die Hummeln und die Bienen
sind in Scharen hier erschienen,
kommen auch mit ...

Ach, was soll ich noch erzählen,
singt doch weiter, ihr dürft wählen,
ihr könnt singen, ihr dürft klatschen
in der Arche, fangt doch an!

ARCHE NOAH-SPIEL

Fische gleiten mit Schwimmbewegungen außen herum.

Im Raum wird es dunkler, Kinder fassen sich an, schwanken hin und her und singen nach der Melodie: Alle meine Entchen:

Das Xylophon ahmt das Rauschen des Wassers nach.

Alle Tiere dürfen kommen,
nur die Fische sind geschwommen
um die Arche, um die Arche,
seht, sie schwimmen rundherum.

Auch wir Menschen sind geborgen,
singen fröhlich jeden Morgen,
in der Arche, in der Arche,
und wir danken, Herr, dafür.

Sprecher: *Gott, der Herr, schloß selber die Tür zu, denn er wollte Noah bewahren. Nach sieben Tagen stürzten die Wasserfluten vom Himmel herab.*

Regen, Fluten, Brausen,
Wasser, weites Meer,
Arche, du wirst treiben,
schwanken hin und her.

Dunkle Regenwolken
schütten Wasser aus.
Noah, du bist sicher
wie im festen Haus.

Wasser, Flut und Stürme,
nirgends festes Land.
Doch du bist geborgen,
dich schützt Gottes Hand.

Sprecher: *Noah und seine Frau und seine Söhne mit ihren Frauen trieben viele Tage sicher auf den Wasserwogen. Auch die Tiere fühlten sich geborgen in der großen Arche. Nach 40 Tagen wollte Gott ein Ende machen mit der großen Flut. Er dachte an Noah und an seine Geschöpfe in der Arche. Der Regen hörte auf. Gott schickte einen starken Wind über die Wellen. Das Wasser sank, die Spitzen der Berge wurden sichtbar. Die Arche fuhr auf festen Grund auf. Da öffnete Noah das Fenster. Das helle Sonnenlicht flutete in die dunklen Räume der Arche.*

Wasser, Wasser, Fluten
in dem weiten Meer,
doch du schickst die Sonne
uns schon wieder her.

Es wird hell im Raum, elektrisches Licht oder Vorhänge aufziehen. Das Lied nach der Melodie „Alle meine Entchen" wird fortgesetzt:

Sprecher: *Noah ließ eine Taube ausfliegen. Er wollte sehen, ob sie schon festes Land finden würde.*

Wasser, Wasser, Fluten
in dem weiten Meer,
Taube, du sollst fliegen,
bring uns Botschaft her.

Sprecher: *Die Taube flog und flog. Sie fand keinen Baum, keinen Strauch, keine Erde. Da flog sie wieder zur Arche zurück.*

Wasser, Wasser, Fluten
nirgends festes Land,
Taube, du fliegst wieder
hier auf meine Hand.

Sprecher: *Nach sieben Tagen ließ Noah wieder die Taube fliegen. Sie fand einen Ölbaum und brachte einen Zweig in ihrem Schnabel zurück.*

Wasser, Wasser, Fluten
nirgends Weg und Schritt,
Taube, doch du bringst mir
nun ein Ölblatt mit.

Sprecher: *Nach sieben Tagen ließ Noah noch einmal die Taube fliegen. Diesmal kam sie nicht zurück. Da wußte Noah: Die Wasser haben sich verlaufen. Die Taube hat feste Erde gefunden. Nun können wir alle aus der Arche steigen.*

ARCHE NOAH-SPIEL

Das folgende Lied wird nach der gleichen einfachen Melodie wie die Texte auf S. 120 unten gesungen oder auch nur gesprochen.

Beckenschlag, Kinder purzeln durcheinander, steigen dann langsam und geordnet wieder mit instrumentaler Begleitung aus der Arche heraus. Die Kinder formen den Regenbogen mit ausgebreiteten Händen. Am Schluß bilden sie einen Tanzkreis.

Liebe Taube, du sollst fliegen,
daß wir gute Nachricht kriegen,
bring ein Ölblatt in dem Schnabel
von dem guten neuen Land.

Liebe Taube kehrst nicht wieder,
läßt auf festem Grund dich nieder,
und die Arche, und die Arche
stößt nun endlich an Land.

Gott, du willst uns alle retten,
löst die Tiere von den Ketten,
führst sie langsam über Stege
auf das sichere Land.

Seht den schönen Regenbogen,
den hat Gott für uns gezogen,
hoch am Himmel, bunt und glänzend
Gott hat alle uns lieb.

Laßt uns alle fröhlich singen,
Gott, wir wollen Dank dir bringen,
neue Freude, neues Leben
schenkst du allen, lieber Gott.

Sprecher: *Noah schichtete mit seiner Familie aus Steinen einen Altar und dankte Gott für die Rettung aus der Wassernot und für die neue Erde. Da setzte Gott einen leuchtenden Regenbogen in die Wolken und sprach: Ich will die Erde nicht verfluchen. Was lebt, das soll bleiben auf ewige Zeiten. Und alles soll wiederkommen: Saat und Ernte, Frost und Hitze, Sommer und Winter, Tag und Nacht.*

Im Anschluß an dieses Spiel kann mit den Kindern das gemeinsame Mahl an einem Tisch im Kreis eingenommen werden.

Wir beten miteinander

Lieber Gott! Wenn es einmal ganz stark geregnet hat und die ersten Sonnenstrahlen durch die düsteren Wolken brechen, dann sehe ich einen leuchtenden Regenbogen am Himmel. So einen schönen glänzenden Bogen hast du auch einst für Noah als Zeichen der Hoffnung und der Zuversicht über den Himmel gezogen. Du hast *Noah* in der Not und Gefahr und Angst aus den dunklen Wasserfluten gerettet. Noah hat dir vertraut, und du hast sein schwimmendes Haus beschützt.
Hilf auch mir, daß ich dir vertrauen kann, wenn ich Angst habe, wenn ich das Gefühl habe, als ob ich ganz allein und verlassen mitten im weiten Meer treibe. – Lieber Gott, laß mich gewiß sein, daß ich bei dir geborgen bin, daß ich beschützt und bewacht werde. Amen.

Lieber Gott! Du hast uns an Noah gezeigt, daß wir dir vertrauen dürfen in Angst und Gefahr. Du bist da und führst uns hindurch durch Dunkel und Angst. Du schenkst uns neues Leben, Frieden und Freude. Dafür danken wir dir. – Laß uns deine Liebe und dein Vertrauen weiterschenken an andere Menschen. Amen.

Arche Noah als Schattenspiel

Das Arche-Noah-Spiel kann auch als Schattenspiel dargestellt werden. Dabei entfaltet sich durch die Reduzierung der Figuren auf die schwarzen Umrisse ein ganz besonderer Zauber, der die Zuschauer in seinen Bann zieht und viele eigene Assoziationen zur Handlung auslöst.
Bei einem Gemeindefest habe ich die Faszination der „stummen Akteure" auf Kindergartenkinder staunend erlebt. Die Melodien waren den Kindern bekannt, so daß sie bei den Liedern immer mitsummen konnten. Einen starken Eindruck nach den Schwarz-Weiß-Bildern bei den ersten Spielszenen hinterließ der leuchtend bunte Regenbogen am Schluß.

Anweisungen zum Schattenspiel „Arche Noah"

Jedes Schattenspiel verzaubert, sei es ein Handschattenspiel, ein Spiel mit lebenden oder beweglichen Figuren oder ein Spiel mit einfachen Silhouetten.

Wir brauchen dazu eine Bühne: eine kleine Zimmerbühne oder, wenn der Zuschauerkreis größer sein soll, eine Bühne mit sehr hochgelegenem Spielfenster.

Als *Zimmerbühne* dient z. B. ein straff gespanntes Bettlaken in einem Türrahmen (am besten Doppeltüre). An den Türrahmen werden in ca. 40 cm Abstand 3 cm lange selbstklebende Klettbandstreifen befestigt. An entsprechender Stelle werden Gegenstreifen auf dem Bettuch festgenäht. Der untere Bereich der Bühne wird mit einem undurchsichtigen Tuch verhängt.

Wenn der *Spielausschnitt höher liegen* soll, müssen wir uns eine Bühne selber bauen. Dazu schieben wir 2 bis 3 rechteckige Tische zusammen (die Breite der zusammengeschobenen Tische sollte mindestens 2,40 m betragen) und stellen sie so vor eine Wand, daß wir dahinter noch genügend Bewegungsfreiheit haben.

Zwei Dachlatten von ca. 3 m Länge werden mit Schraubzwingen an die äußeren Tischbeine festgeklemmt. Über die Dachlatten nageln wir noch eine Leiste. Jetzt spannen wir auf diesem Rahmen unsere Leinwand. Wir decken die Leinwand von außen mit Packpapier oder mit undurchsichtigem Stoff ab. Ein Fenster von ca. 1,20 m Breite und 80 cm Höhe wird dabei ausgespart. Der untere Rand des Fensters sollte ungefähr einen Abstand von 1,60 vom Fußboden haben. Zur Sicherheit sollen beide Dachlatten im oberen Bereich mit Wäscheleinen an zwei gut in der Wand verankerten Haken befestigt werden. So können wir die Bühne gleich seitlich mit alten Gardinen verhängen.

Hinter der Bühne befestigen wir eine (Klemm)-leuchte von mindestens 200 Watt so an der Wand (oder an einer Trittleiter), daß sie schräg von oben über die Köpfe der Spieler hinweg unser Spielfenster gut ausleuchtet. Als Kulissen benutzen wir

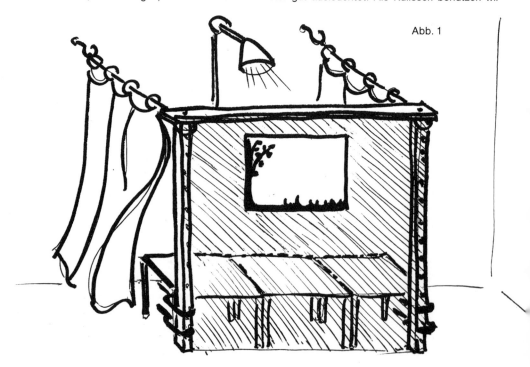

Abb. 1

ausgeschnittene Packpapiersilhouetten (Gras, ein paar Ranken, die Andeutung eines Baumes oder Hauses, Regenwolken) die an der Leinwand festgesteckt oder angeheftet werden (s. Abb. 1).
Das Entwerfen oder Ausschneiden der *Figuren* macht in einer größeren Gruppe Spaß. Wir zeichnen unsere Tiere nicht zu klein (ein Elefant z. B. ca. 40 × 60 cm, die Kleintiere, wie Käfer, Schmetterlinge, Vögel, Mäuse usw. können ruhig im Verhältnis zu groß sein) auf Packpapier und schneiden sie aus. Dann kleben wir die Figuren auf eine dünne Pappe und schneiden sie wiederum aus. Wenn uns unsere Figur noch nicht gefällt, können wir sie auseinanderschneiden, neu zusammenkleben und dadurch korrigieren. Ist die Figur noch unstabil, wird sie mit einem dickeren Pappstreifen verstärkt.
Die Figuren werden mit einem ca. 80 cm langen Stab (z. B. Bambus) an die Leinwand gedrückt. Dieser Stab wird oben schräg abgesägt, durchbohrt und mit einem kleinen Sperrholzbrettchen (ca. 3 × 3 cm), das zweimal durchbohrt ist, mit einem Blumendraht fest verbunden. Das Brettchen wird mit Klettband beklebt. Auf die Figuren kleben wir im oberen Bereich auf beide Seiten ein Gegen-Klettband. Dadurch kann sie von rechts und von links auftreten (s. Abb. 2).
Jetzt kann das *Theater* beginnen. Musik oder gemeinsamer Gesang beleben die Aufführung. Vor der Bühne wird mit einer Spotlampe oder bei Kerzenschein unser „Theaterstück" vorgelesen oder erzählt. Dazu werden die Schattenfiguren von der Seite in das Spielfenster hereingeführt. Je ruhiger und weniger die Figuren bewegt werden, um so eindrucksvoller wirkt das Spiel.

(Ch. Mehlig)

Abb. 2

Lied vom Regenbogen

Text: Barbara Cratzius   Melodie: Paul G. Walter

1. Seht, der bunte Regenbogen wird bis zu den
Wolken reichen, ist von Gottes Hand gezogen
für uns Menschen als ein Zeichen.

2. Sieben Farben hat der Bogen,
leuchtend übers Grau gezogen.
Fluten sind nun abgeflossen,
neuen Bund hat Gott geschlossen.

3. Neues Leben will er schenken
und die Menschen hier auf Erden
auf den Weg des Friedens lenken.
Laßt uns alle Brüder werden!